基督教文化研究丛书

主编 何光沪 高师宁

四编 第 **6** 册

天音北韵
——华北地区天主教音乐研究(上)

孙 晨 荟 著

花木兰文化事业有限公司

国家图书馆出版品预行编目资料

天音北韵——华北地区天主教音乐研究（上）／孙晨荟 著 ——
初版 —— 新北市：花木兰文化事业有限公司，2018〔民107〕
目 4+164 面；19×26 公分
（基督教文化研究丛书　四编　第6册）
ISBN 978-986-485-483-7（精装）
1. 天主教　2. 宗教音乐　3. 华北地区
240.8　　　　　　　　　　　　　　　　　107011433

ISBN-978-986-485-483-7

9 789864 854837

基督教文化研究丛书
四编　第六册

ISBN：978-986-485-483-7

天音北韵——华北地区天主教音乐研究（上）

作　　　者　孙晨荟
主　　　编　何光沪　高师宁
执行主编　张　欣
企　　　划　北京师范大学基督教文艺研究中心
总 编 辑　杜洁祥
副总编辑　杨嘉乐
编　　　辑　许郁翎、王筑　美术编辑　陈逸婷
出　　　版　花木兰文化事业有限公司
发 行 人　高小娟
联络地址　台湾235 新北市中和区中安街七二号十三楼
　　　　　　电话：02-2923-1455／传真：02-2923-1452
网　　　址　http://www.huamulan.tw 信箱 hml810518@gmail.com
印　　　刷　普罗文化出版广告事业
初　　　版　2018 年 9 月
全书字数　220101 字
定　　　价　四编9册（精装）台币 18,000 元

天音北韵
——华北地区天主教音乐研究（上）

孙晨荟　著

作者简介

孙晨荟，女（1977～），中国艺术研究院音乐研究所副研究员，出版专著《雪域圣咏——滇藏川交界地区天主教礼仪音乐研究》（香港中文大学天主教研究中心 2010）;《天音北韵——华北地区天主教音乐研究》（宗教文化出版社 2012）;《谷中百合——傈僳族与大花苗基督教音乐文化研究》（上、下）（花木兰文化出版社 2015）,《雪域圣咏——滇藏川交界地区天主教仪式与音乐研究》（上、下）（增订版）（花木兰文化出版社 2016），以及发表相关论文二十余篇。

提　　要

　　天主教自传入中国以来，其音乐文化在中国土地上展现的多元姿态令人侧目。华北地区丰厚的民间音乐与西方宗教神圣的教堂歌咏如此超乎想象地结合融汇，凸显出文化自身的调节适应能力。作为笔者的第二部中国天主教音乐的研究专著，通过史料叙事和田野考察，望能为读者逐渐展开一幅全景的音乐文化画卷。

"基督教文化研究丛书"总序

何光沪 高师宁

    基督教产生两千年来，对西方文化以至世界文化产生了广泛深远的影响——包括政治、社会、家庭在内的人生所有方面，包括文学、史学、哲学在内的所有人文学科，包括人类学、社会学、经济学在内的所有社会科学，包括音乐、美术、建筑在内的所有艺术门类……最宽广意义上的"文化"的一切领域，概莫能外。

    一般公认，从基督教成为国教或从加洛林文艺复兴开始，直到启蒙运动或工业革命为止，欧洲的文化是彻头彻尾、彻里彻外地基督教化的，所以它被称为"基督教文化"，正如中东、南亚和东亚的文化被分别称为"伊斯兰文化"、"印度教文化"和"儒教文化"一样——当然，这些说法细究之下也有问题，例如这些文化的兴衰期限、外来因素和内部多元性等等，或许需要重估。但是，现代学者更应注意到的是，欧洲之外所有人类的生活方式，即文化，都与基督教的传入和影响，发生了或多或少、或深或浅、或直接或间接，或片面或全面的关系或联系，甚至因它而或急或缓、或大或小、或表面或深刻地发生了转变或转型。

    考虑到这些，现代学术的所谓"基督教文化"研究，就不会限于对"基督教化的"或"基督教性质的"文化的研究，而还要研究全世界各时期各种文化或文化形式与基督教的关系了。这当然是一个多姿多彩的、引人入胜的、万花筒似的研究领域。而且，它也必然需要多种多样的角度和多学科的方法。

    在中国，远自唐初景教传入，便有了文辞古奥的"大秦景教流行中国碑颂并序"，以及值得研究的"敦煌景教文献"；元朝的"也里可温"问题，催生了民国初期陈垣等人的史学杰作；明末清初的耶稣会士与儒生的交往对话，带来了中西文化交流的丰硕成果；十九世纪初开始的新教传教和文化活动，更造成了中国社会、政治、文化、教育诸方面、全方位、至今不息的千古巨变……所有这些，为中国（和外国）学者进行上述意义的"基督教文化研究"提供了极其丰富、取之不竭的主题和材料。而这种研究，又必定会对中国在各方面的发展，提供重大的参考价值。

就中国大陆而言，这种研究自 1949 年基本中断，至 1980 年代开始复苏。也许因为积压愈久，爆发愈烈，封闭越久，兴致越高，所以到 1990 年代，以其学者在学术界所占比重之小，资源之匮乏、条件之艰难而言，这一研究的成长之快、成果之多、影响之大、领域之广，堪称奇迹。

然而，作为所谓条件艰难之一例，但却是关键的一例，即发表和出版不易的结果，大量的研究成果，经作者辛苦劳作完成之后，却被束之高阁，与读者不得相见。这是令作者抱恨终天、令读者扼腕叹息的事情，当然也是汉语学界以及中国和华语世界的巨大损失！再举一个意义不小的例子来说，由于出版限制而成果难见天日，一些博士研究生由于在答辩前无法满足学校要求出版的规定而毕业受阻，一些年轻教师由于同样原因而晋升无路，最后的结果是有关学术界因为这些新生力量的改行转业，后继乏人而蒙受损失！

因此，借着花木兰出版社甘为学术奉献的牺牲精神，我们现在推出这套采用多学科方法研究此一主题的"基督教文化研究丛书"，不但是要尽力把这个世界最大宗教对人类文化的巨大影响以及二者关联的方方面面呈现给读者，把中国学者在这些方面研究成果的参考价值贡献给读者，更是要尽力把世纪之交几十年中淹没无闻的学者著作，尤其是年轻世代的学者著作对汉语学术此一领域的贡献展现出来，让世人从这些被发掘出来的矿石之中，得以欣赏它们放射的多彩光辉！

2015 年 2 月 25 日
于香港道风山

目次

绪　论

　　欧洲天主教与中国的首次接触在蒙元时期，至明清时期二次入华传播，近代时期步入发展高峰，现代时期陷入停滞期，直至当代时期完成本土化转型。此历程中，西洋宗教与中国乡土文明混融，产生适应本地生存而土洋契合的宗教文化语言。若游历多处便能看见，虽不成体系但颇具特色的中国天主教艺术是值得提及的一笔：教堂建筑、教堂绘画、教堂音乐等等，民间文化与天主教艺术相互渗透令人耳目一新。

1、研究对象

　　近代时期，民间地方音乐元素与欧洲天主教音乐混融的文化现象广泛流传于大江南北。而当代时期的境况却有所不同，从神职人员、信徒以及教堂的数量来看，北方天主教的发展态势远胜于南方，其文化表象亦然如此。音乐及其文化混融的现象在华北、西北地区较为突出，而南方大部分区域并无显著本土特色。这是本书选点华北地区天主教音乐的主要缘由。

　　由于中国现代社会发展的特殊历史原因造成的文化断层，大部分在华天主教会的历史全貌，特别是新旧礼仪文化的交替传承之内容残缺不全，因此清晰地梳理宗教音乐所承载的文化内涵并非易事。通过本文的史料叙事，可基本了解华北地区旧时的天主教音乐文化。其现状部分，基于田野调查范围的广泛以及调查者的精力所限，笔者选择代表性区域进行研究。华北地区的独特之处是西洋宗教音乐与传统民间音乐结合的原样性、多重性、广泛性和传承性，以及它对现代流行音乐的接纳性，一些地方已形成略成体系的本土天主教音乐文化语言。关键在于，当下天主教会已逐渐削弱与民间文化结合的势态，而华北的某些天主教区（如太原）却反其道而行，这自有其缘由，此为后话。

华北地区现今的行政划分包括北京、天津、河北、山西、内蒙古五省市自治区，其区域在民国时期历经多次变动。本书的史料叙事，从礼仪音乐、音乐文化、教会学校、音乐文本等几个部分重点陈述华北天主教音乐的原貌。本书的田野调查，以山西太原教区、北京教区、河北献县教区、内蒙古鄂托克前旗蒙古族教会、天津教区为主要考察点，其中又以山西太原教区和北京教区为重。天主教会自上而下统一规范的礼仪模式，使调查者在选点时可以更侧重地域文化的代表性。例如，代表大城市教会的北京教区，能清晰地反映当代中国天主教文化的发展导向性。山西太原教区包含二线城市以及城乡结合的地域文化特点，其文化混融现象是华北地区最突出以及流传范围最广的。太原教区现有的音乐形式幸运地保留着不同时期异质文化结合的痕迹：旧式拉丁文礼仪→传统民间文化 + 新式中文礼仪→当代流行文化，这犹如考古发现的地质断层一般，可逐层剥离分析其文化本土化的过程。河北献县教区在旧时势力范围广泛影响力较大，其音乐文化内容也较为丰富。天津教区的文化特色难以与其它城市教会区分，但该市在民国时期西洋音乐的发展十分繁荣。内蒙古鄂托克前旗是中国唯一的蒙古族天主教会存留区域，非常具有代表性。内蒙古自治区内其它地区的天主教会均是汉族教会，与各省市并无差别。

2、先行研究

天主教、新教和东正教是基督宗教的三大宗派，中国东正教音乐的研究目前为空白，中国新教（多称基督教）音乐的研究相对较多，本节仅综述中国天主教音乐的先行研究。

明清史料的相关研究，有[法]陈艳霞著《华乐西传法兰西》的部分章节，对明清时期天主教音乐作较为深入的研究。陶亚兵著《明清间的中西音乐交流》的部分章节，从中西文化交流的角度对明清天主教音乐史料进行了梳理归纳。另有早期中西音乐交流的多文涉猎明清时期在华天主教音乐的相关内容，如弗朗索瓦·皮卡尔的〈明清时期中西音乐文化交流概况〉，汤开建的〈16-18 世纪经澳门进入中国内地的西洋音乐家考述〉、〈16 世纪中叶至 19 世纪中叶西洋音乐在澳门的传播与发展〉、〈明清之际西洋音乐在中国内地传考略〉，孙晨荟的〈明清时期的天主教音乐〉，杨乃济的〈乾隆朝的宫廷西洋乐队〉，李晓杰〈清宫西洋音乐〉等。近代史料的相关研究，有香港中文大学音乐系吴家奇的论文：'Indigenizing Gregorian Chant: Vincent Lebbe and the Musical Representation of the Catholic Church in China in the Early 20th Century', 51st Annual Conference, Society for Ethnomusicology, Hawai'i, 2006；〈礼乐为钩——两个解读礼仪与音乐数据的中国天主教史研究〉, Third International Young Scholars' Symposium on Christianity and Chinese Society and Culture, The Chinese University of Hong Kong, 2006；'Neumes and Chinese Liturgy: How Liturgical Renewal was brought to China by Vincent Lebbe', Ninth International Symposium on the History of the Chinese Catholic Church, Leuven, Belgium, 2007。

　　当代田野的相关研究，有赵晓楠的〈民族音乐中的天主教音乐——贾后疃村天主教音乐会调查〉一文，对北京通州区贾后疃村的天主教"音乐会"进行实地考察，从乐器的情况和演奏形式与曲目两个方面叙述民间音乐会在天主教中的情形，并在文末提出音乐会的来源和音乐会能否继续存在这两个问题，进行天主教音乐本土化和未来发展的一些思考。刘劼的〈陕西宗教音乐考略〉一文，除谈及陕西省的佛道教音乐外还涉足天主教音乐的片段内容，文中提到在关中地区存在民间音乐形式的"天乐会"。楚卓、谭景团的〈广西天主教弥撒仪式及其音乐研究〉一文，简述了当代广西天主教音乐。

　　张姗发表〈太原解放路天主堂音乐团体纪实〉及其硕士学位论文〈天主教音乐山西本土化〉（未刊），该学位论文分四个章节进行论述，教堂乐谱、歌唱团体以及民族乐队等音乐实践内容是其考察研究的对象，该文也试图对天主教音乐山西本土化的原因及未来发展实践进行探讨和思索。刘静的硕士学位论文〈太原地区乡村天主教会文化研究——以晋源区为中心〉（未刊），也涉及了音乐与仪式的部分内容。

　　周莉的硕士学位论文〈近代以来山东天主教弥撒礼仪音乐考〉（未刊），从天主教及其音乐在中国的发展脉络、近现代山东天主教弥撒礼仪中的声乐、当代山东天主教弥撒礼仪中的声乐以及近代以来山东天主教弥撒礼中的器乐，共四个章节进行叙述。该文末章主要论述民间乐队形式的"音乐会"在天主教中的状况，从历史背景、乐队编制、乐谱与乐曲三个方面论述。

张沙的硕士论文〈保定市天主堂音乐研究〉（未刊），通过田野调查从教堂的音乐概况、会中的音乐活动、音乐团体的调查与分析、四线谱音乐研究、天主堂音乐特征分析、天主教音乐与保定市社会文化活动等多层面详述保定天主教音乐的现状。

南鸿雁为中国天主教音乐研究领域发文较多的一位，其〈内蒙古中、西部天主教音乐的历史与现状〉、〈杭州天主教音乐文化略述〉、〈南京天主教音乐人文叙事〉、〈民族音乐学视野中的草原文化——鄂托克前期天主教音乐个案研究〉、〈草原牧者——边缘地带上的天主教会〉等几篇文章为实地调研报告，〈沪宁杭地区的天主教音乐——民国时期相关仪式音乐与音乐文本的个案研究〉为其博士学位论文节选。她的博士学位论文〈沪宁杭地区近现代天主教音乐考察研究〉（未刊），从天主教音乐入华之江南叙事、沪宁杭地区民国时期天主教音乐——仪式音乐与音乐文本、沪宁杭地区民国时期天主教音乐——音乐教育与音乐创作、新中国成立后天主教音乐的重建、多元文化境遇中的当代中国天主教音乐和天主教音乐的本土化，共六个章节进行论述。全文以历史文本和实地调研入手，对天主教音乐的本土化和当代中国天主教音乐的境域进行了一定程度的探讨研究。

杨民康著《本土化与现代性——云南少数民族基督教仪式音乐研究》的第 13 章"云南彝族阿细人天主教仪式音乐文化"，是中国少数民族天主教音乐的首篇内容。个案调查的对象是云南省弥勒县烂泥菁村彝族阿细人天主堂的圣母升天节仪式，对其仪式和仪式音乐的基本特点进行探讨，并将其与彝族传统音乐、汉传佛教音乐、基督教新教仪式音乐以及不同时期天主教文化和仪式音乐特征等几个层面进行比较分析。

孙晨荟著《雪域圣咏——滇藏川交界地区天主教礼仪音乐研究》一书，由香港中文大学天主教研究中心 2010 年出版，是第一本中国天主教音乐研究的专著。作者深入西藏、滇藏以及川藏地区，对滇藏川交界地区的天主教会（为原"西藏教区—西康教区—康定教区"辖属范围）实地考察，深入了解以藏族为主、怒族及其他少数民族混融的少数民族天主教群体的音乐历史及现状。该书从滇藏川交界地区的地域生态与人文背景、滇藏川交界地区天主教的历史与现状、滇藏川交界地区天主教礼仪的历史与现状、秩序里的圣歌——教会礼仪篇、礼俗中的音乐——人生礼仪篇、教堂外的歌舞——仪式之外延、历史与现代的音乐文本、本土化范例——藏文圣歌谱本 *Chants Religieux*

Thibétains 解析和结论，共九个章节进行论述，对该地区的特殊历史背景和独特文化景观进行总揽和细微的研究，并对天主教礼仪音乐的本土化现象作出自己的分析和结论。

综上所述，中国本土天主教音乐的研究较为薄弱，总体上空白诸多。存在实地调研的田野范围较少，音乐文化的分析层面单薄、宗教文化的理解深度不足等问题。该领域的很多内容还有待更多的学者探索和深入。

3、写作方法

第一章至第六章以史料叙事的形式写作，旨在梳理历史文献。参考资料以近代 1840-1949 年间本土天主教会出版发行的期刊杂志、音乐谱本为主。其中，仪式与音乐的内容多集中于上海刊发的《圣教杂志》（1912-1938），另有天津《益世报》、北京《磐石杂志》、《上智编译馆馆刊》等多类民国报刊杂志出版物。对音乐本体的研究，则集中于华北地区的天主教音乐谱本，笔者搜集到 1950 年之前的资料约 20 余本，当代圣歌本约 50 余本。历史谱本有原本与影印本两类，一为田野考察有幸所得，一为中国国家图书馆缩微胶卷及网络旧书店所购。

第七章至第十章是以民族音乐学方法为主的田野考察，同时借鉴天主教神学及宗教社会学的部分内容。这里需要探讨民族音乐学学者曹本冶就仪式音乐研究提出"音声"概念，对应于天主教神学相关的概念及内容。

> 仪式是信仰的外向性行为，大部分的仪式自始至终在"音声"境域（soundscape）的覆盖之中展现。从宏观的角度来看，"音声"的概念应该包括一切仪式行为中听得到的和听不到的音声，其中包括一般意义上的"音乐"。（听不到的"音声"，指的是不想体外发声的，但存在于仪式执行者内观状态的，而且往往被局内认为属高层次的音声：如道教或佛教仪式中的"心诵"、"神诵"。由于学科在理论方法上的局限，目前学科的研究对象暂时只能限于听得到的音声。）作为仪式行为的一部分，音声对仪式的参与者来说，是增强和延续仪式行为及气氛的一个主要媒体及手段，通过它带出了仪式的灵验性。因此信仰、仪式和音声行为使三合一、不可分割的整体……由于理论方法上的局限所至，民族音乐学对信仰体系中"音声"的研究范围，暂时只能主要顾及听得到的"器声"和"人声"两大类

音声。器声，包括具有特定仪式含义的"法器"声和与民俗活动共享的乐器声。仪式中由人声所组成的"音声"境域，包括各种程度的近似语言、近似音乐、似念似唱或似唱似念、连唱带哭或连哭带唱的"音声"。研究者可以用一个以语言性~音乐性为假设两极的"音声声谱"（sound spectrum）来概括这一系列的"音声"。（曹本冶 2008：13、27-28）

在此，我们将"音声"概念对应于天主教神学，用图示分析更为明了：

"音声"概念		天主教神学之概念
听得到的"音声" 之"近"音乐		圣乐
听得到的"音声" 之"远"音乐	人声诵念唱等	圣仪 与 祈祷
	器声物作声等	
听不到的"音声"		

（图表绪论-1："音声"与天主教神学之相应概念比较）

图表（绪论-1）中，天主教圣乐即通常意义上的天主教教堂音乐，其代表之格里高利圣咏（又译额我略圣歌、葛立果圣歌等）是西方艺术音乐的主要源头。历经千年发展，西方天主教圣乐达到了高度的艺术性和完善性。现代天主教神学对圣乐的神圣性和礼仪性，有具体而特别的要求定性。[1]天主教神学中还有圣仪与祈祷的概念，相对于圣乐，圣仪又是什么？

> 慈母圣教会设立了一些圣仪（Sacramentalia），这就是模仿圣事而设立的一些记号，用以表示某些效果，尤其是灵性的效果，并因教会的转祷而获得。借着圣仪，使人准备承受圣事的特效，并圣化人生的各种境遇。（天主教梵蒂冈第二届大公会议文献 2001：124）

圣仪是模仿天主教七大圣事的一些仪式，其内容带有强烈的象征性和符号性涵义，有着圣化的用途。《天主教法典注释》解释，圣仪是神圣的记号，这种"记号"依旧法典的规定为"物品"和"行为"，"物品"是指经祝圣成为圣物如圣水等，"行为"是指神圣行为如祝圣、划十字祝福等。天主教神学

1　具体内容详见《天主教梵蒂冈第二届大公会议文献》之礼仪宪章第六章论圣乐。该文从圣乐的崇高、隆重礼仪、音乐训练、出版额我略歌本、民众化的宗教歌曲、传教地区的圣乐、管风琴及其他乐器、作曲家的任务等八个方面论述。

将圣乐之外的其他声响定义为圣仪内容，其内容涵盖"音声"概念之听不到的"音声"和听得到的"音声"之"远"音乐内容。具体如下：

> 圣仪常包括一篇经文及一些象征性的动作，如覆手、划十字圣号、洒圣水等。圣仪是教会的公开敬礼，是以教会的名义举行的，须由神职人员主礼，并按教会所定的仪式举行。圣仪的种类有很，有些是与弥撒及圣事相连的，有些则是与其无关的；有对人及其职务方面的，也有对物品及其用途方面的。
>
> ① 与弥撒和圣事相连的。弥撒和每件圣事的核心仪式都很简短，在核心仪式前后，教会规定了不少圣仪，藉以准备心灵，或感谢所领受的恩惠。像弥撒中的整个进堂式、礼成式，和七件圣事中的圣经诵读及某些仪式，比如：圣洗礼仪中的驱魔、傅油、领洗者头上披白布、手执蜡烛等都是圣仪。按不同时代的需要，教会当局可以改变或增减某些圣仪。
>
> ② 与弥撒和圣事无关的。如降福食物，降福房子等等。
>
> ③ 对人及其职务方面的。如祝圣主教、司铎、执事；任命并降福男女隐修院院长、接受修士修女发愿、降福奉献于主的贞女、委任读经员、辅祭员、传道员等；此外尚有降福病人、降福产妇（生产后四十天）等。
>
> ④ 对物品及其用途方面的。用圣油祝圣圣物，如祝圣圣堂、祭台、圣爵、圣盘等；降福为敬主所用之圣物，如降福祈祷所、祭台布、祭衣、蜡烛、香炉、堂钟等；降福为保护人所用之圣物，如降福圣水、圣灰、苦像、圣衣、圣牌、圣像、念珠等；降福信徒们所用之物，如降福房屋、食品、粮食、工程等。（巴博 1999：82）

再看祈祷的内容。天主教祈祷包括公众祈祷和个人祈祷，其方式有口祷、默祷、心祷等，口祷可颂念、可吟唱。其内容亦涵盖"音声"概念之听不到的"音声"和听得到的"音声"之"远"音乐内容。

天主教属世界性宗教，与民间宗教信仰的不同之处，在于它具备系统的神学体系、完善的组织制度和全球广泛的地域信众。因此，天主教神学对仪式中声响的划分，从提升宗教礼仪神圣性的角度而言，已有明晰的分类解释。鉴于民间宗教信仰和天主教之世界性宗教的定位差别，本文以借鉴曹氏之"音声"概念的理论方法，对应探讨天主教神学体系中的音乐及其他之种种。

4、田野作业

笔者接触北京的天主教音乐早在 1995 年，古老典雅的宣武门南堂和较为专业的天爱合唱团一直令我印象深刻。居住于北京的近水楼台之便利，使笔者数十年来断续保持着与天主教会的关联。正式的田野调研自 2009 年 2 月至 6 月期间，当时南堂的音乐水准较北京其他教堂而言更高，英文唱经班尤为突出。因此田野对象便集中于宣武门南堂以及西什库北堂，笔者参与复活期的各类礼仪以及唱经班的排练。英文唱经班的负责人张广泰老师为之提供各样帮助，因其毕业于旧时北平的法国教会学校，他所提供的资料信息以及教堂音乐理念，是笔者所见国内教堂音乐人士中较为全面和正统的。

对太原教区天主教音乐的第一次接触源于 2003 年 2 月，笔者作为义工首次与太原基督教堂的一些音乐人士进行教会音乐的切磋，结束工作时顺道拜访了太原天主教总堂。吸引笔者的天主教堂歌声，正是我非常熟悉的基督新教流行圣歌，这一改笔者对天主教堂只有神圣的格里高利圣咏的偏见。此行购得后来再也没有出现的音乐资料——翻印民国版的《圣教歌曲》，其大部分内容是用传统民歌填词的天主教民谣。此后笔者一直关注该教区。太原教区正式的田野工作时间有三个阶段：第一阶段是 2008 年 10 月，为期三周的调研。笔者走访太原天主教总堂、杨家堡天主堂、洞儿沟天主堂、六合村天主堂、西柳林天主堂、七苦山圣母大殿朝圣地以及临近太原教区的临汾教区天主堂、洪洞天主堂、平遥天主堂。参加数场弥撒仪式，拜访多位神父。杨家堡天主堂的驻堂神父郭全智热爱音律，为笔者提供很多重要资料，包括 2005 年太原总堂百年庆典全套数十张的光盘和照片（郭为此次庆典的主要负责人）。此行正逢当地教区为期一周的避静神功以及朝圣活动的尾声，由各堂神父及修女带领组织。第二阶段是 2010 年 4 月，为期两周的调研。这是圣周以及复活大瞻礼的时间，笔者在太原教区总堂参与从圣枝主日的弥撒，直到圣周每日的礼仪活动：早晚课、圣油弥撒、主的晚餐、拜苦路、耶稣受难、圣周六守夜礼、复活节主日大弥撒。仪式主要由总堂助理主教孟宁友主持，多位神父协助或辅祭。调研期间笔者采访清泉合唱团负责人刘强、总堂副本堂及礼仪负责人孟满顺神父、教会音乐家耿辉老师。信徒李雅静全家为五代天主教信徒，其祖辈是被义和团所杀但得以幸存的本地信徒，李为总堂英文唱经班的负责人，为笔者提供英文及拉丁文圣歌资料以及百年庆典的海外出版资料。第三阶段是 2010 年 9 月，为期三周的调研。期间的盛大庆典是太原总堂助理主教孟宁友的祝圣仪式，此为建国后第一位中梵两国承认的太原教区主教。该仪式由现任太原教区主教李建堂主持，各地的百位神父主教参与共祭，总堂的主要艺术团体均为此付出了很大的努力。此期间，笔者为总堂天音合唱团进行了七天的教会音乐史课程以及圣歌排练，深入了解该团体。太原教区音乐方面的顶梁柱耿辉老师大力配合，他为笔者提供大量该教区的音乐资料以及他广泛流传的个人宗教作品乐谱。天音鼓乐团的负责人马凤琴为笔者提供太原锣鼓的相关资料，并联络锣鼓界老艺人采访。现任天音合唱团指挥王斌也为笔者提供帮助。孟满顺神父带领笔者奔赴板寺山圣母堂、红沟天主堂、西柳林天主堂、六合村天主堂和坪塘宼天主堂参与圣母朝圣活动、录制各村的音乐会以及搜集工尺谱抄本等等。2010 年 10 月，此课题太原部分的案头写作开始。2011 年 2 月春节刚过，笔者得知耿辉老师因病去世，心情沉重。当代中国教会类似他这样的音乐创作人极少，他为教会音乐中国本土化做出一定的贡献。此外，太原教区影视福传点为笔者提供大量近年来各堂区活动的影像资料。

关于河北天主教的调查，笔者选择了历史悠久的献县教区。旧时的教区拥有一个规模较大的印书馆，该馆创办于 1874 年。笔者有幸搜集到的大部分旧时圣歌乐谱，一为上海徐家汇土山湾印书馆刊印，一为献县张庄天主堂（河间府胜世堂）印书馆所出。特别是后者出版的工尺谱本——《清音谱》（1912、1934 年版）极为珍贵，为笔者所见唯一一本正式出版的天主教工尺谱本，此为选择献县教区考察的主要缘由。田野作业集中在 2010 年 12 月圣诞节至元旦期间，对献县主教座堂、任丘地区以及河间地区作了考察，杨合朝神父、朱双地修士以及刘俊池会长为笔者一行提供主要帮助。

内蒙古的天主教信徒绝大多数为汉族，其文化与华北其他地区并无两样。现属巴盟教区的鄂尔多斯市鄂托克前旗为全中国唯一的蒙古族天主教信徒聚集区，这是内蒙古天主教最有文化特色的考察点。笔者的考察时间为 2011 年 10 月期间，集宁教区的姚顺神父、鄂托克前旗的蒙古族神父巴日斯和马仲牧主教提供帮助。

天津教区的考察集中于 2010 年 5 月期间，笔者走访了天津市内的所有老教堂。

第一章 天主教的礼仪体系与音乐

第一节 天主教的礼仪体系

天主教拥有一套庞大而系统的礼仪体系，相对于中国传统的农耕文化以岁时节令为循环周期，它以不同于世俗世界的神圣事件为时间周期，时刻提醒每一位信徒信众在世的不同身份和特殊使命。这种源于犹太教，后经历千年发展逐渐形成的礼仪年文化，每年会以年历（中国俗称"瞻礼单"）的形式印制到所有地方，全球的天主教信徒都会使用同一个宗教日历度过大公教会的每一个神圣日子。这是与世俗分别的标志。

一、时间的划分——周年礼仪

天主教的周年礼仪称作"礼仪年"，它通过安排细密的宗教内容纪念耶稣为人类所成就的一切事迹，这是每一位天主教信徒度过信仰生活的日历指南。礼仪年的核心日期是每周的主日（星期日），亦被称为"主的日子"。一年中最重大的节庆期是四大瞻礼庆节：耶稣圣诞瞻礼、耶稣复活瞻礼、圣神降临瞻礼、圣母升天瞻礼。礼仪年全年的周期从将临期→圣诞期→常年期→四旬期→复活期→常年期循环往复，全然演示耶稣的一生。（见图示）礼仪宪章102解释礼仪年度的意义：

> 教会在一年的周期内，发挥基督的全部奥迹，从降孕、诞生，
> 直到升天、圣神降临，以至期待光荣的希望，及主的再来。教会如

此纪念救赎奥迹，给信友敞开主的德能与功劳的财富，并使奥迹好像时常活现临在，使信友亲身接触，充满救恩。（天主教梵蒂冈第二届大公会议文献 2001：134）

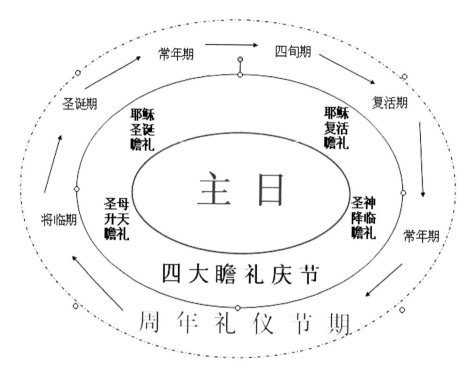

（图示 1-1：天主教周年礼仪图示）

周年礼仪节期看似复杂，实可归纳两类主要系统：圣诞系统（包含将临期和圣诞期）和复活系统（包含四旬期和复活期），内容围绕耶稣的诞生和复活两大事件。在两系统之外的是常年期。其间插有非常多的纪念节庆日，令人初看礼仪年历或瞻礼单时眼花缭乱。实际执行时，天主教会为防止仪式中经节和祷文等内容的每年重复，将三年为一个循环，分甲乙丙年，每一个年的节期具体内容在《主日感恩祭典》中都有一套程式，根据不同日子诵读不同经文，并在三年之内将圣经新旧约全部读完，三年往复。

可图示礼仪年的基本构成：

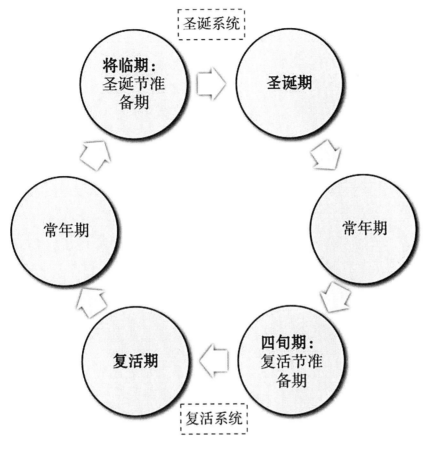

（图示 1-2：天主教礼仪年节期）

在圣诞系统中，将临期始于将临期第一主日末于圣诞节前夕，圣诞期始于圣诞节末于主受洗节。将临期共有四周，旧时行拉丁礼时祭台不供彩花，礼仪中不奏音乐，当代新礼弥撒已调整为祭台可用花装饰，风琴或其他乐器限制性使用，仅为歌唱伴奏禁止独奏。（巴博 1999:52）圣诞期的核心是圣诞节，之后最大的庆节为主显节，结束于主受洗节，时长约两周。

在复活系统中，四旬期始于圣灰礼仪周三末于圣周六，复活期始于圣周六复活前夕末于圣神降临节。四旬期（旧称封斋期）是逾越节（复活节）前40 天的准备期，其意义是洗礼与苦行，信徒需守大小斋戒。此期间祭服为紫色，仪式中不可唱"阿肋路亚"歌曲，风琴及其他乐器仅为歌唱使用，至第四"喜乐"主日可用乐器。四旬期始于圣灰礼仪，意为生命源于尘土归于尘土。复活节前第一主日为圣枝主日，接下来是圣周，这是礼仪年中最重要而神圣的一周，直至复活节三日庆典。从复活节到圣神降临节是复活期，时长五周，此期间要多次咏唱"阿肋路亚"歌曲。

在圣诞和复活两大系统之外是常年期，时长为 33 或 34 周，并无重大纪念日。每个主日的弥撒仪式都有准用经文、特选读经以及歌咏部分。

礼仪年的宗教日历对每一位信徒而言，意义都不同于桌面上的寻常日历。它起到一个特别的作用，就是要求人们在世俗的世界中体会并活出不属于地上的神圣时间。

（图片 1-1：2011 年瞻礼单，来源@wsswz.com/2011.htm）

二、仪式的类别——圣事礼仪

天主教神学解释"圣事"的涵义，为耶稣亲自建立的有形可见的宗教仪式。圣事礼仪所具备的符号象征意义，对天主教信徒信仰生活的指导意义非同寻常。礼仪宪章 59 解释圣事的本质：

> 圣事的目的是为了圣化人类，建设基督身体（教会），以及向天主呈奉敬礼。但圣事也是记号，有训导的效用。圣事不仅假定已有信德，而且以语言、以事实，滋养、加强，并发挥信德，所以称为

信德的圣事。圣事固然赋予圣宠，但在举行之际也尽善地准备信友，使能实惠地承受圣宠、适当地崇拜天主，并实践爱德。所以，使信友容易了解圣事的记号，并殷勤参与转为滋养基督徒的生命而建立的圣事，是极为重要的事。（天主教梵蒂冈第二届大公会议文献 2001：124）

圣事礼仪共有七件，涵盖人一生的旅程：洗礼、坚振、圣体、告解、圣秩、婚配、傅油。对一个天主教家庭而言，一个新生命的降生首先要进入教堂接受洗礼，这是七件圣事的第一件。待到他能理解自己的信仰后便需确认，坚振仪式于是完全了初入门时的洗礼仪式，使人与教会、天主之间关系的圆满。领受圣体是每位天主教信徒一生中不断重复且最为重要的灵魂滋养之神圣仪式，也是天主教信仰的核心所在。而信仰生命的长进则时刻需要精神的革新，告解（忏悔）仪式便是洗涤灵魂的主要手段。若一位普通信徒有了来自特殊神圣召唤的感受，他可选择神职，这就进入天主教组织严密等级分明的神圣级别，圣秩即是授予不同的职位和神权的仪式。成人普通信徒的一件人生大事是结婚，天主教视婚配为圣事，是强调它的神圣性和不可亵渎性，这种爱的盟约好比教会与基督的联姻。当信徒病重或临危之时，为病人实行傅油礼，是教会做能给予的特别精神关怀。至于葬礼为什么没能入选圣事系列，这归于历史原因，其所体现的神圣性、生命终极关怀，以及异质文化上的冲突融合等方面值得深入研究。七件圣事中洗礼、坚振和圣秩三件圣事的特殊意义在于，为领受圣事者的灵魂得到不能磨灭的精神印号（神印）。

执行坚振、圣体、告解、傅油四件圣事者为主教和司铎（神父），执行圣秩圣事者唯独主教。洗礼圣事的执行者除神父外，特殊情况下可由执事、平信徒或非信徒施行。而执行婚配圣事时，神父仅担任证婚人角色。圣事礼仪的核心之重是圣体圣事，领圣体的平常仪式是弥撒。其余六大圣事次之，圣仪与祈祷辅之左右。圣仪不属于圣事系列，但圣仪是模仿圣事，也被称为"小圣事"、"类圣事"，绪论中已述。

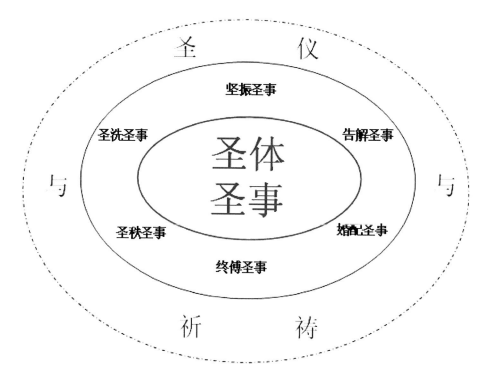

（图示1-3：天主教圣事礼仪）

三、礼仪的高峰——弥撒仪式

弥撒仪式也称感恩祭，来源于圣经中记载耶稣受难之前举行的最后的晚餐。天主教弥撒仪式是将耶稣受难之献祭用不流血的礼仪方式演绎出来，整场仪式犹如一幕戏剧，每一环节丝丝入扣紧密相联：（预备）进堂式→（叙述）圣道礼仪→（高潮）圣祭礼仪→（落幕）礼成式。整个仪式中成圣体血和领圣体是圣体圣事，也是所有圣事的重中之重。

> 教会举行弥撒，便是按照耶稣所吩咐的，直接地重行他的晚餐祭献，间接地重演了他在加尔瓦略山十字架上受难圣死的大祭。弥撒是圣教会最重要、举行得最多的礼仪。其目的是成圣体圣血、祭献天主，向天主表示钦崇、感恩、祈求和赎罪。教会的主要信仰活动都围绕着弥撒进行。弥撒时天主教礼仪生活的主体与中心，也是高峰。（巴博1999:14）

统一的弥撒仪式结构主要包括"圣道礼仪"和"圣祭礼仪"两部分，前后嵌入开始（进堂式）和结束（礼成式）仪式。举行弥撒者限于神父和主教，主持者称主祭或主礼，辅助者称辅祭，多位神父主教参与举行弥撒者称共祭。其衣服为根据节期和神职级别规定颜色和样式的祭服和礼服，如紫色用于将临期和四旬期代表悔罪，绿色用于常年期代表希望生命。神父穿长白衣、领带和祭披，主教还需加紫色小帽，大礼时另加高冠、权杖和主教权戒等。

弥撒仪式（感恩祭）		
进堂式	进堂与问候	
	忏悔礼	
	光荣颂	
	集祷经	
圣道礼仪	读经	旧约、宗徒书信
		福音
	讲道	
	信经	
	信友祷词	
圣祭礼仪	奉献	
	祝圣圣体圣血	呼求圣神经
		成圣体
		成圣血
	天主经	
	领圣体	
礼成式	降福及派遣	

（图表 1-1：天主教弥撒仪式）

弥撒仪式按举办程度分大礼与简礼，按举办性质分公开与私下，按举办类别分黑白（亡者弥撒为黑弥撒，其余为白弥撒）两类。弥撒仪式的基本要素有读经和讲道、司祭的祷词、全体祷词、各类诵经、歌唱、身体规范以及静默等。其中，祷词、诵经、歌唱部分与念、吟或唱有关，归属民族音乐学仪式音声中"近"、"远"语言/音乐理论范畴。弥撒仪式是一场感恩献祭的大戏，为了不断重复回忆和纪念天主的救赎大计。对信徒而言，这是强化和提升宗教情感的最隆重礼仪。

第二节 天主教音乐

一、教堂音乐的兴衰

高深伟岸的大教堂、幽静飘渺的圣咏音乐和神秘华丽的宗教仪式，是长达一千年左右的欧洲中世纪文化核心。那个时代，教堂音乐几乎占据整个社会音乐的主体，如同宗教信仰与每个平民贵胄息息相关一般。它也是欧洲艺术音乐的源头，记谱法、音乐理论、复调音乐、音乐学校等的兴起与发展都基于教堂音乐。

逐渐成形的单声部圣咏系列，如格里高利圣咏、安布罗斯圣咏、莫扎拉比圣咏等，有着独特的审美角度和既定的神学要求。它代表神圣临在人间的声音，没有情感和欲望，只有天堂神国的神秘圣洁。因此歌唱的发声、音符的添加、旋律的走向、歌词的改动等，任何一个细节的要求和变化都可能引发一场神学大战。

接下来，二声部的奥尔加农、三声部的经文歌、四声部的弥撒曲逐渐提升和满足了人们对音乐艺术的需求，也极大促进了作曲家的热情。但对于掌管俗人灵魂的地上决策者们而言，干扰理智却激发情感的声响需要严厉驳斥，以免俗者忽略圣言。旋律和歌词争战主导地位的斗争一直存在于整个西方艺术音乐的发展历史当中，决策高层人士认为复调音乐过于繁杂的组织结构导致信徒听不清神圣的歌词，加上世俗因素（旋律）的渗入其中，也会导致信仰危机。艺术音乐在教会内部的高度发展，从此逐渐滑向下坡。

巴洛克时期面对新教浪潮如天的宗教改革，天主教在召开反击的特兰托大公会议中，也必不可少地讨论和解决音乐这个复杂的问题，此时复调艺术的地位岌岌可危。历史事实证明，当人类事件的发展走向高峰或低谷的转折点时，总有非凡人物的出现并扭转局面，帕勒斯特里那就是拯救复调音乐命运的大师。他向保禄三世敬献了如丝绸般音符组合的《教皇马尔切里弥撒曲》，六个声部精妙模仿，在营造绝美天外之音的基础上清晰柔和地吐露每一个宗教神圣单词，帕氏完美高超的作曲技巧和拿捏精确的艺术风格得到了认可，及时地拯救了复调音乐。

由于宗教对音乐的实际功利性需求，极大地局限了这门艺术的发展空间，即便有帕氏这样的大师出现，也无可挽救教堂艺术音乐衰落的宿命。从此艺术音乐的自由世界转移方向走出神圣殿堂进入俗世百姓的现实生活，遭受排斥的器乐音乐和歌剧的发展此时正如日中天。而天主教会仍然在想办法肃清纯正圣咏中的"不洁"之音，因此曼妙的花唱之风被遏制掐死。失去自由的艺术音乐此后基本不再光顾教会，专业作曲家也为能拓展其事业的其他领域而才情激涨。天主教会的专业音乐水准一落千丈，立志从事教堂音乐创作的专业人士寥寥无几，此后虽有不少伟大的作曲家创作了很多优秀的教会音乐作品，但大部分只能在音乐会而不是在教堂仪式中展现。例如古典时期莫扎特的《C 小调弥撒》、《安魂曲》，贝多芬的《庄严弥撒》等。与天主教誓反的新教，在巴赫之后的日子里，同样没有更专业的音乐人士和更优秀的教堂艺术音乐作品出现。

　　纵观欧洲音乐史，在一千年左右的中世纪，教堂音乐是社会音乐发展的风向标。但宗教改革之后，历史的钟摆便已运转，社会音乐成为影响教堂音乐发展的引领者。由于失去其独特的社会领导地位，迄今为止教会人士依然为音乐及其他各层面的"圣""俗"之辩争执不休，但产生于天主教会的格里高利圣咏和复调音乐艺术，依然是令人骄傲的伟大文化遗产。

二、天主教音乐的现状

　　20 世纪 60 年代召开的第二次梵蒂冈大公会议，决定了现代天主教音乐的发展方向，也是新旧礼仪的分水岭。该会文献《礼仪宪章》，对大势所趋造成的礼仪改革运动进行了革命性的决策。延续了千年的拉丁文宗教仪式和拉丁文格里高利圣咏，终于被允许翻译成世界各国的本地语言，这个重大的改变完全扭转了天主教礼仪和音乐的未来命运。

　　《礼仪宪章》第六章"论圣乐"整篇，主要强调圣乐的神圣性和格里高利圣咏（文献译为额我略曲）的使用指导，文中 118 和 119 两点特别引人注意：

民众化的宗教歌曲

　　118　民众化的宗教歌曲，亦应加意推行，以便在热心善工内，甚至在礼仪行为内，根据礼规的原则与法律，能够听到信友的歌声。

传教地区的圣乐

　　119　在若干地区，尤其在传教区，某些民族有其固有的音乐传统，在他们的宗教与社会生活中，占有很重要的位置，就要予以应有的尊重及适当的地位，一则为培养其民族的宗教意识，一则为按照第三十　九及四十节的本意，使敬礼适应其民族性。为此，在传教士的音乐教育中，应尽量设法使他们能够在学校中，以及在礼仪行为中，去促进这些民族的传统音乐。（天主教梵蒂冈第二届大公会议文献2001：138）

此番论述拓宽了"圣乐"的涵盖范围，民众化的宗教歌曲和具有各民族音乐特色的圣乐可以成为发展和首肯的对象。其实，早在文献出台之前的几百年时间里，它们早已存在于天主教各地的传教区内，这份文件不过是大势所趋下的官方认证。梵蒂冈官方态度的转变，使曾经最为保守的天主教会形象换装，转而成为亲民牧灵的带领者。但教会保守人士最为担心的世俗流行音乐和异教民族音乐的文化元素，无法避免地与传统圣乐正面交锋，现代天主教音乐已走向多元化和流行化的趋势。由于现代世界各地的传统民族音乐均受到欧美文化和流行文化的冲击，因此天主教音乐面对的并不是民族化和多元化的难题，而是流行化和"世俗化"的侵蚀。

中国当代的天主教音乐面临同样的问题。传统拉丁圣乐几乎无人问津也无人能咏唱。流行乐风带点宗教风情的歌曲成为席卷各地的风潮，这种音乐的源头是新教的"敬拜赞美"和美国流行音乐文化。当代新教的发展速度远远超过天主教，新教音乐的"世俗化"同样远胜于天主教，流行音乐的创作之风日趋兴盛。越来越多的中国天主教会为发展和吸引年轻人，索性拿来曲目众多的现成新教流行音乐，此法很受年轻人的欢迎颇有成效。事态愈发走向两极：部分音乐专业人士试图在教堂内恢复伟大的传统圣乐，介于拥有专业人才的不同状况，复兴古典音乐的努力并不简单。现任的教宗本笃十六世，是力主复兴拉丁格里高利圣咏的主导力量。但对普通信徒来说，那些高难的音乐技巧和艰涩的神秘语言并不属于自己，流行的乐风和亲切的歌词最能体现个人所思所想，这才是属于自己的信仰表达。因此另一个极端是，越来越多的人被流行风格的宗教歌曲吸引，教会新一代的复兴似乎也与之不可分离。

艺术性和通俗性、庄重感和亲和力，犹如理智和情感一般艰难地平衡在现代天主教会当中。中国当代天主教音乐除上述问题外，还面临专业音乐人士严重匮乏的现状，土地广袤的中国乡村教会的情形更是加倍。问题虽颇多，但已在中国存活了数百年之久的天主教，倘若不是扎根本地文化土壤，这个西洋宗教如何流传至今？本文就将为读者展现它的生存之道。

第三节　拉丁礼仪与中国

一、拉丁礼仪传统

　　天主教礼仪经历了漫长而逐步演变的历史。采用各地方言的现代弥撒仪式来源于传统拉丁文礼仪，仪式程序较之更为简化。公元 4 世纪之前，教会的官方仪式和经文并未统一规范。公元 313 年君士坦丁大帝颁布的《米兰敕令》使基督信仰成为罗马国教，教会的礼仪生活全方位开放式发展。至公元 6 世纪，教会将礼仪中使用的经文编辑成书——《圣事经本》（Sacramentarium），而仪式音乐的统一工作也在逐步完成，《对唱经本》（Antiphonarium）的出现奠定了西方古典音乐的发展基础，后人将其称为格里高利圣咏。公元七世纪，详细解说各类仪式的《罗马礼规》（Ordines Romani）出现，成为今日弥撒的原本。教会礼仪趋于规范统一，罗马式礼仪成为基督信仰之教会的主流。至中世纪，逐步定型的罗马礼仪愈加无节制地发展，《弥撒经本》（Missal）和不含弥撒部分的《主教礼仪经本》（Pontifical）的制定，使教会礼仪完全成为神职人员的特权专利，几近神秘或魔术的代名词。巴洛克时期，面对新教洪水般的改革和抨击，天主教会决定回应反击，1545-1563 年举行的天主教特利腾（Trent，又译脱利腾、天特等）大公会议，将新旧二派彻底划清界限，并开始了长久以来教会所内部渴求的革新。

　　　　1566 年出版了新版的罗马教理书；1568 年出版了改良的罗马日
　　课经；1570 年出版了改革的罗马弥撒经书。最后 1592 年，重新修
　　订的拉丁文通俗本圣经亦刊行了。（辅仁神学著作编译会 1999:466）

　　至 20 世纪 60 年代梵蒂冈第二届大公会议召开之前，特利腾大公会议所规范的拉丁弥撒礼仪一直是罗马教会官方唯一的标准版本，拉丁语也是教会的通行语。为执行此项改革标准，"罗马教廷礼仪圣部"成立，严格督导每一环节的落实，地方教会在礼仪上的任何变动均需申请该部批准。至此，特利腾大公会议所规范的拉丁礼仪成为罗马天主教官方的外表仪式。繁复冗长、神秘华丽的弥撒仪式逐渐成为俗人讨好天主的献祭戏剧。

　　传统的教会仪式分为东方礼和西方的四大祭礼—罗马礼、西班牙莫扎拉比礼、哥特礼、安布罗斯礼。东方礼天主教会指采用东罗马帝国传承下来的东方式礼仪的天主教，与东正教礼仪有诸多关联，其保持原有东方礼的特点礼仪和教规，不受西方拉丁礼的限制。罗马礼是天主教会最正统纯正的拉丁

文官方礼仪，西班牙莫扎拉比礼、哥特礼和安布斯礼都是各有地域特色的教会礼仪，但并不用于普世天主教会。下为拉丁弥撒仪式的基本结构，中文译本"弥撒圣祭各部表"，引自上海土山湾出版的《弥撒诠要—为增助辅祭及与祭的热心而作》：

导引 洒圣水

前部保守者弥撒（预祭）

一、（子）台下经 告罪

二、（丑）固定或有变之祈祷与训词

后部信友弥撒（正祭）

三、（甲）献祭物，奉献献品麦饼与酒

（乙）重新晚餐

四、（子）求恩：序文

五、为教会祈求，为自己祈求，为显荣诸圣人祈求

六、（丑）祝圣圣血：献祭以及奉献祭献之表示

七、为亡者祈求，为自己祈求，并为致敬诸圣人而祈求

八、结束祭献，赞扬天主

九、与吾主通信其道：天主经

十、（寅）剖分祭品

十一、（卯）领圣体：预备领圣体经、领圣体、谢圣体经

十二、遣散信友：《请归，弥撒毕》、祭司降福、读末次圣经

外礼：教皇良十三嘱诵经文（上海土山湾 1933:16）

1935 年上海土山湾出版的茅本荃（P.Jos.Mao,s.j.）著《弥撒旧闻》一书，对传统弥撒仪式从原始、分类、日行、祭礼、礼服、圣器、祭品、圣台、圣堂和神品等层面分十卷详细讲解。书中将传统拉丁礼仪分为平常弥撒和特殊弥撒两大类，后者包括大礼弥撒、致敬（敬礼）弥撒、许愿弥撒、炼狱弥撒、三十日祭、预行炼祭、已圣弥撒等。平常弥撒为小弥撒，不唱经无音乐，仅低声念经。大礼弥撒即大弥撒，因在弥撒中行大礼，有五六品神职辅祭，并且焚香唱经或奏乐，亦称用香弥撒、唱经弥撒、奏乐弥撒等。致敬（敬礼）弥撒是为圣人圣女殉道致命者致敬的弥撒，在诸圣致命日或致命圣人瞻礼举行。许愿弥撒是设愿还愿的弥撒，目的为向天主求恩谢恩。炼狱弥撒专为炼

狱灵魂设立，是为亡者祈祷献祭，使其早升天堂脱离炼狱苦海的仪式。三十日祭是为丧者连续举行三十日弥撒的仪式，以拯救亡者脱离炼狱。预行炼祭是为生者预先举办的炼狱弥撒，此效果被认为更佳于亡后的炼狱弥撒。已圣弥撒即在弥撒中不举行成圣体礼，而领前一日已成圣之圣体。（茅本荃1935:26-46）

二、拉丁礼仪中国本土化历程

明清之际，意大利耶稣会传教士利玛窦采取尊重中国文化的态度，最终获得天主教在中国土地上立足的机会，特利腾拉丁礼仪即将全面进入中国。在动荡反教的大背景下，其继任龙华民希望能培养中国司铎以保全风雨飘摇的教会。此时将拉丁文的经书和礼仪翻译成中文的工作势在必行，此举需上报罗马批准。同时，零星的教务需用书籍翻译工作也在实地进行。1602 年龙华民编译中文《圣教日课》三卷。1614 年龙华民派会士金尼阁在罗马上书教宗请求准许实行中文礼仪，次年保禄五世教宗应允申请，由罗马教廷礼仪部颁谕特许以中文举行弥撒、日课和所有圣事圣仪，并准许以高雅的中文—文言体裁翻译礼仪经书。1617 年清政府禁教，1625 年金尼阁在西安刊印供信徒使用的《推历年瞻礼法》，标明教会瞻礼庆节并注释有阴历和阳历。1628 年金尼阁去世，诸种原因使中文译经工作未能开始。1629 年艾儒略在福州编撰刊印了第一本中文版小本手册的弥撒礼仪经书《弥撒祭义》，其后关于中文圣经和礼仪经书的翻译编着刊印种类逐渐增多。1670 年，堪称 17 世纪最具中文素养的耶稣会士利类思，把整本罗马弥撒经本翻译成中文《弥撒经典》5 卷合订二册。

此时，早在 1615 年保禄五世教宗的特许却被教廷遗忘，因此中文著书虽逐渐增多，但中文礼仪事宜一直在申请中受挫。1659 年，亚历山大七世教宗准许中国人只需勉强背诵拉丁文经文即以晋铎圣职，但未同意使用中文礼仪。1672 年殷铎泽申请全面意译而不是拉丁文音译罗马礼典。1680 年耶稣会南怀仁再派柏应理携带着 3400 册中文译本前往罗马，申请依利诺十一世教宗批准 1615 年的特许，至 1685 年请求最终失败，同年罗文藻在广州被祝圣为首位国籍主教。接下来的数次申请均被拒绝，1693 年福建代牧区主教阎珰出令禁止中国礼仪，至 1704 年礼仪之争持续升温，中国信徒的祭祖敬孔仪式被认为异教邪礼，遭罗马教廷批令严禁，克雷芒十一世教宗颁谕违者将遭受驱除教会的处罚，这使康熙帝大为不悦并于 1721 年禁教。1726 年被逐广州的麦传世请求罗马传信部复核《弥撒经典》中译本，1727 年罗马圣部反对以中文举行礼仪，1735 年罗马传信部放弃修订《弥撒经典》，1742 年本笃十四世教宗颁令禁止传教士再讨论中国礼仪问题，在华所有司铎必须一律宣誓反对中国礼仪遵从禁令。之后雍正帝禁教，而 1755 年罗马仍勒令弥撒中不能采用中文祈祷或圣歌，1773 年克莱孟十四世教宗下令解散耶稣会，中国的传教工作由遣使会接管，嘉庆、道光帝两朝维持中国禁教政策。在罗马禁令和清廷禁教期间，中国教难教案不断，此时教会大多转入地下秘密发展。鸦片战争后的天主教借助不平等条约逐渐恢复并迅速发展起来，之后教案迭起错综复杂。此时，中文文言文或韵文翻译的拉丁礼仪经文已使用于各地教区，而对进一步本土化的方言礼仪，外国神职人员仍争论不休或一致反对。但信徒们却是积极响应，尤其以女信徒为代表，是实践中文礼仪经文的主要人群，在教堂里她们格外虔诚热心地唱经或领经，以至于 1842 年某主教上书罗马传信部云：

主日上司铎微声念圣经时。同时守贞姑娘。反高诵华文圣经。

非特可称为妇女唱经队。竟可直称为女六品修士高唱圣经。较诸圣

教初时。有过之无不及云。（圣教杂志 1921 年 4 期：163-164）

而史式微在《江南传教史》一书中也明确指出女信徒不应单方高唱经文，但允许和男信徒轮流朗诵。（史式微 1983:202）

进入 20 世纪初期，随着外国修会大量入华传教和频繁的侵略战事，基督教（新教）发生了声势浩大的非宗教和非基督教运动，基督教（新教）的本色化运动自此开始付诸实践，中国天主教信徒的爱国运动和天主教的本地化运动也日益高涨起来。推行天主教神职人员的本地化成为主要任务，此时虽然没有执行中文礼仪，但汉字谐音的拉丁文格里高利圣咏一直在弥撒礼仪使用。很多教区开始刊印中文的圣歌，并在拉丁弥撒仪式中间少量穿插。对平信徒的宗教教育中，教理与圣歌已全部使用中文译本。中式和中西结合式风格的教堂在各地兴建，其它中西结合的教会艺术也相继出现。1926 年庇护十一世教宗颁布通谕，要求传教区中的新修会应该适应本地人的性格与倾向。同年，庇护十一世教宗亲自为第一批 6 位中国籍主教在梵蒂冈举行祝圣典礼。1939 年庇护十二世教宗发表通谕，钦准传信部撤销禁止祭祖敬孔和传教士宣誓服从禁约的规定。特利腾拉丁文礼仪正逐渐与本土融合，但面对罗马教廷并未全面开放的态度，直至 20 世纪 80 年代之前，中文仍然是本土天主教会礼仪生活中的配角。

　　近代中国天主教会的礼仪与音乐在全面遵循拉丁传统的前提下，有部分神职人员开始翻译相关的内容以便在本地过宗教生活，此类书籍不多，保存至今更是稀少。在此例举两本：

　　其一，《圣教礼仪撮要》是一本不多得的中文版神职人员礼仪指南，详细介绍各类圣礼举行的过程、内容及要求。有售书广告云：

　　　　愈显主荣中华破天荒的圣教礼仪撮要出版，本社发行请向安庆天主堂（或上海土山湾）函购可也。是传教司铎的良件，是传教先生的善导，是圣教学校的读本，是公教信友的明师。书分上下两册。上册论各种弥撒圣祭礼仪，如平常弥撒、唱经弥撒、用香弥撒、五六品弥撒、主教平常弥撒、大弥撒、供圣体弥撒、以及送圣体，莫不应有尽有。下册论各种圣事礼仪，以及圣灰、圣烛、圣水、圣枝，并圣主日内各种礼仪，又圣七品、圣主教等等。安庆主教梅准。（安庆教务月刊 1934：封底）

　　《圣教礼仪撮要》全书共三卷：卷一"弥撒圣祭"有 17 章，分别讲解：普通礼节、祭服颜色；平常弥撒；平常炼狱弥撒；主教平常弥撒；平常显供圣礼弥撒；婚配弥撒；圣体降、小圣体降福、大圣体降福、五六品圣体降福；弥撒外送圣体、弥撒中送圣体、公送病人、圣体、私送病人圣体；举殡仪规、追思仪规、埋葬仪规、回复经文；唱弥撒、附抱蜡弥撒、用香弥撒；大礼弥撒；大礼显供圣体弥撒；炼狱大弥撒；主教大礼弥撒；主教炼狱大礼弥撒；主教穿大圆衣参与弥撒；辅弥撒经文、添香经文、圣圣水答应经文、圣水答应经文、付洗及辅礼答应经文、降福婚配答应经文、长成者圣洗及补礼答应经文、坚振答应经文、终傅答应经文、放临终大赦答应经文、追思答应经文、进圣衣会答应经文。卷二"圣洗"有 12 章，分别讲解：幼童受洗礼节、成人受洗礼节、坚振、告解、终傅、婚配、各种祝福、圣教会一年特别礼规、圣枝主日礼仪、建立圣体礼仪、受难瞻礼礼仪、望复活瞻礼礼仪。卷三"神品圣事"有 3 章，分别讲解：小品大品、祝圣主教典礼、附录圣堂。在整个缺乏中文翻译、要求神职人员死记硬背拉丁文的大背景之下，中国神父和中国信徒多数都是按程式与规范行礼，此书便能成为其最好的助手。

　　其二，有专著介绍格里高利圣咏（旧称额我略咏等）。自近代至当代中国，出版介绍教会音乐的书籍可视为罕物。此书仅寻得售书广告，未觅得原书：

额咏学要出版

额咏即圣哲教宗大额我略咏之简称即罗玛公教用于圣仪经文之乐歌前教皇庇护第十曾下朗谕详示美善厘定规则谆告教内宜一律遵用教皇之宏愿厚望乃乡村堂会之信辈幼童均储有额咏智识我国迄今尚无灌输是项知识已译之华文本洵为人憾事湖北老河口成和德司铎为欲弥此缺憾爰特搜罗西籍细绎互参译编额咏学要一书以应教界之需用香港圣类恩务业学堂校长嘉公闻而喜愿任印行该书业已出版装订一厚册全书凡三章首列额咏源流辑览附以庇护第十谕圣乐诏次为额咏学要计八章又次汇列习用额咏学调乍承见惠一册读悉内容丰富规矩咸在不禁为嗣后欲学额咏者有此善本喜因泚笔书此数行以伸贺忱兼为志谢而作介绍焉 编辑部启（圣教杂志 1920 年 9 期：封底）

第二章　元明清至近代的礼仪音乐

第一节　华北地区天主教史况

一、北京

北京教区的历史可追溯到蒙元时期。1294 年意大利方济各会士孟高维诺抵达并获准居住于元大都，开始了他的传教生活。1307 年汗八里总教区设立，孟高维诺为总主教负责中国及远东教务，1375 年汗八里总教区撤销。天主教的再次传入，始于明末清初。1601 年利玛窦觐见明万历皇帝获准定居，1690 年北京教区从南京代牧区分出并恢复，第一任主教为意大利方济各会士伊大仁。清末民初时期，天主教进入曲折发展阶段。1856 年北京教区分为三部分：直隶北境代牧区（遣使会）—北京、直隶西南代牧区（遣使会）—正定府、直隶东南代牧区—献县张庄（耶稣会）。直隶北境代牧区 1899 年分出永平府设立直隶东境代牧区，1910 年分出直隶中境代牧区，1912 年分设直隶海滨代牧区，1924 年直隶北境代牧区改名北京代牧区。北京代牧区 1926 年分出宣化、万全、龙关、赤城、怀来、阳原、怀安、蔚县、延庆、涿鹿十县，成立宣化代牧区，1929 年与保定代牧区各分出一部分成立易县自治区（后升为监牧区）。1946 年罗马教廷建立圣统制，北京总教区正式设立，中国籍枢机主教圣言会会士田耕莘为总主教。

20 世纪 50 年代年至 70 年代末，北京教区经历一系列运动陷入沉寂状态。1958 年以后北京教区走上自主自办自选自圣的道路，1959 年选举姚光裕为主教，1979 年选举傅铁山为主教。20 世纪 80 年代以后各大教堂恢复正常活动，2007 年李山当选主教。目前教区有 6 万多信徒，拥有主教座堂—宣武门南堂、王府井东堂、西什库北堂、西直门西堂、东交民巷、南岗子、平方、东管头、西胡林、牛房、求贤、贾后疃、牛牧屯、龙庄、后桑峪、曹各庄、永宁等教堂。教区还有天爱合唱团、神哲修院、若瑟修女会、安老院、陵园、书院、诊所、社会服务部、文化研究所、天光报、对外联络委员会、物业管理公司等机构。

二、天津

1847 年天主教传入天津，1861 年法国神父卫儒梅受北京教区主教派遣，来天津任本堂神父。1869 年天津城内第一座天主教堂"圣母得胜之后堂"（圣母得胜堂）建成，即后来发生"天津教案"的望海楼教堂。1912 年天津从北京教区划分出，罗马教廷批准成立天津教区称直隶沿海教区，委任北京教区法籍副主教杜保禄为首任主教。1915 年天津教区副主教雷鸣远创办《益世报》，后 1945 年复刊。1951 年外籍神职驱逐出境，文革期间教会活动停止。1979 年宗教政策落实，1980 年西开总堂开放。目前天津教区有信徒 10 万余人，神父与仁爱会修女各 30 余位，开放的教堂及活动点 38 处。

三、河北

自 1690 年北京教区建立后，随着河北天主教务的不断扩大，从中划分出了直隶北部代牧区（建国后为北京教区）、直隶东南代牧区（包括献县、永年、大名、景县教区）、直隶西南代牧区（包括正定、赵县、顺德教区）、直隶中部代牧区（包括保定、安国、易县）、直隶东部代牧区（今为唐山教区）、直隶海边代牧区（1946 年后为天津教区）、直隶宣化府代牧区（今隶属张家口教区）和西湾子教区（史称蒙古代牧区，今属张家口教区辖内）。

本书田野作业涉及的献县教区源于 1856 年成立的直隶东南代牧区，法国耶稣会士郎怀仁任主教。教区包括冀中、冀南三府（河间、广平、大名）、冀州、深州，辖 35 县。总堂初设于威县赵庄，并办有小学和小修院。1862 年迁至献县张庄，始建于 1863 年的哥特式主教座堂有"华北第一堂"之美誉。1864 年教区内共有教堂 164 座，学校 22 所，孤儿院 32 所。至 19 世纪末，教区内教堂已达 674 座，诊所 87 所。1900 年庚子教案期间，教区损失惨重，之后进入繁荣发展阶段。1923 年耶稣会在献县教区创办了"天津工商大学"（今河北大学前身），并在校内建有著名的北疆博物馆。1924 年直隶东南代牧区更名为献县代牧区，1929 年献县代牧区的第三铎区划分为永年代牧区，1936 年献县代牧区第四铎区划分为大名监牧区。1937 年献县代牧区拥有第一位国籍主教赵振声，因抗日战争爆发，教区大修院及女修会迁往河间城。1939 年献县代牧区第二铎区景县监牧区成立。1946 年献县代牧区正式升为献县教区。教区总堂有一所始建于 1874 年的印书房，原称胜世堂印书房，对外通称献县张庄天主堂印书馆。1941 年前印书馆出版图书约 20 余万册，具有较高的学术水准，至 1944 年 4 月停业。20 世纪 50 年代至 70 年代末教区发展停滞，至 1979 年圣诞节恢复正常宗教活动。1981 年改称沧州教区，但人们仍惯称献县教区。教区现辖献县、任丘、河间、交河、肃宁、东光、沧县、吴桥、黄骅等县市等地，并代管廊坊教区。现有教堂 220 余座，信徒 7.5 万左右，120 余位神父，260 余位修女。办有沙勿略修院和圣望修女院，培养神职人员。

四、山西

　　1620 年意大利耶稣会士艾儒略进入山西绛州（今新绛县），成为该省的第一位天主教传教士。1624 年比利时耶稣会士金尼阁到山西绛州定居并立一个小教堂。1625 年意大利耶稣会士高一志（原中文名王丰肃）调入山西绛州，他在任期间个人著作颇丰，传教工作也大有成效。1633 年比利时耶稣会士金弥格由绛州来到太原传教，他入乡随俗遵循利玛窦之文化传教原则获得成功，并在太原城内建立了一个小教堂，被誉为太原第一任本堂神父。1696 年罗马教廷在中国建立了两大教区和九个宗座代牧区，山西代牧区归属耶稣会管理，主教为意大利耶稣会士张安当。1716 年-1844 年，山西陕西两省教区合并为山陕教区，归属方济各会士管理。1844 年，山陕两省又划分为独立教区，山西首任助教是意大利方济各会士杜嘉弼。1870 年意大利方济各会士江类思接任山西教区主教，并建立了太原主教座堂（原建筑已毁，现为重建）。1872 年意大利方济各会士张保禄为山西教区副主教，继任艾士杰 1876 年上任。1890 年罗马教廷将山西教区划分为南境、北境两教区，撤销原称号。南境教区的主教座府设在潞安称潞安教区，荷兰方济各会士艾定禄任主教。北境教区的主教座府设在太原称太原教区，意大利方济各会士艾士杰任主教，辖 51 州县。1898 年意大利方济各会士富格辣被任命为北境太原教区副主教，协助艾士杰主教管理太原教区事务。1900 年兴起的义和团运动使太原教区损失惨重，很

多神职人员和信徒被屠杀，教会建筑也被焚毁，后得赔偿款重建。1923 年至
1932 年期间，北境太原教区相继划出大同、汾阳、朔州和榆次教区，其辖区
仅剩太原市以及其他五县。1946 年中国教会实行"圣统制"，全国代牧区升级
为正统教区，各省会称总主教区。1982 年全山西省天主教区重新按国家行政
区域划分为十个教区，现太原教区辖属范围仅限太原市行政区域，本书田野
作业涉及的山西地区教会即是现今太原教区辖内。

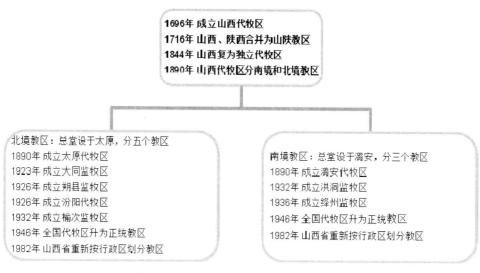

（图示 2-1：太原教区历史行政划分）

秦格平编著《太原教区简史》详细记载太原教区建立后共有十位主教历
任，此书完稿于 2008 年，而 2010 年 9 月 16 日太原教区举行了新助理主教的
祝圣大典，将其算上迄今为止，太原教区的历任主教应有 11 位。他们分别是
六位意大利籍主教：艾士杰、富格辣、凤朝瑞、希贤、李路嘉，和五位太原
本地的华籍主教：郝鼎、李德华、张信、李建唐、孟宁友。1938 年华籍神父
共有 16 位，1940 年至 1954 年间增补华籍神父 13 位，文革后新祝圣神父 57
位。太原教区历史上曾有大修院、小修院和预备修院，如今的山西孟高维诺
总修院即是旧时大修院，它始建于 1932 年，2000 年由别处迁回重修的原址。
教区历史上的修会有：方济各会、玛利亚方济各传教会和附会、方济各三会
传信会、圣母军。太原教区主教李建唐还与 1996 年创立了教区性的女修会——
——七苦圣母婢女传教会。太原教区还曾创立了印书馆（1910 年创办，雕版印
刷技术）、明原小学、明原中学、私立加辣女校、若瑟医院、圪寮沟孤儿孤老

院、保赤会（育婴院）等文化教育和社会福利机构。如今，太原教区现有堂区29个，朝圣地2处，教堂110座。教堂按行政区域划分，分属杏花岭区、万柏林区、尖草坪区、阳曲县、小店区、晋源区、清徐县、古交市、娄烦县。杏花岭区有总堂、东涧河、西涧河、长沟、淖马5个堂区9座教堂。万柏林区有圪寮沟、风声河、南社、沙沟4个堂区13座教堂。尖草坪区有固碾、阳曲镇、峰西3个堂区13座教堂。阳曲县有红沟、河上咀、西洛阴、候村、西黄水5个堂区24座教堂。小店区有杨家堡、西柳林、东蒲3个堂区10座教堂。晋源区有五府营、洞儿沟、姚村3个堂区15座教堂。清徐县有六合、大北、红城3个堂区14座教堂。古交市有前庄、雁门2个堂区4座教堂。娄烦县有柴厂1个堂区1座教堂。这些教堂中有5座附属修道院，有2座为朝圣地教堂（板寺山圣母堂、七苦山圣母堂）。

五、内蒙古

天主教进入蒙古始于元朝，信者多为王公贵族，鲜有民间人士，后随王朝消匿。再次入蒙于1724年间，传播于西湾子地区（今河北崇礼县）。1838年满洲里、辽东、蒙古三地划分为一教区，由巴黎外方传教会管理。1840年蒙古划分为单一教区，由法国遣使会管理。1865年比利时圣母圣心会接管该地区教务工作。蒙古族信徒仅在今鄂尔多斯市鄂托克前旗城川苏木一个堂区，其余均为汉族信徒。1883年蒙古教区一分为三：总堂在松树嘴子（今辽宁朝阳县）的东蒙古教区；总堂在西湾子的中蒙古教区（包含西湾子、集宁、城川及小桥畔地区）、总堂在三盛公（今内蒙巴彦淖尔市磴口县）和二十四顷（今内蒙土默特右旗二十四顷地乡）地的西南蒙古教区。1922年东蒙古教区分为宁夏和绥远两教区。1946年中华圣统制成立蒙古教省，辖绥远、宁夏、集宁、西湾子、热河、赤峰、大同七个教区。20世纪80年代内蒙古按行政划分成呼市、包头、赤峰、巴盟、集宁五教区，现有信徒25万人左右。

第二节　元明清的礼仪音乐

一、蒙元时期

1245年教宗使者意大利方济各会士柏朗嘉宾出使蒙古，他在行纪中记载，蒙古皇帝贵由汗幕帐前设有一个小基督教堂，无论种族，人们仍如同在其他

基督信徒中一样在大庭广众之中唱圣歌，以希腊的方式敲钟报时。（耿升、何济高 1995：104）

方济各会士鲁布鲁克奉法国国王路易九世之命访问蒙古，他于 1254 年到达和林，《鲁布鲁克东行记》有不少关于教会音乐的记录：

> 撒里答的翰耳朵，第二天（8 月 1 日）……我穿上最贵重的一件法衣，在胸前有一极美观的垫子（pluvinar），带上你赐给我的圣经，以及皇后陛下赠与我的美丽诗篇，而书记（哥塞特）穿上白法衣，带着香炉。于是我们来到他的（撒里答的）住所……并且为他唱祈祷。所以我们唱道："圣母万岁"！……

> 在拔都的翰耳朵，在唱"上帝怜悯"时我们站在他面前……

> ……西京……那里的聂斯脱里信徒什么也不懂，他们作祷告，有叙利亚文的圣书，但他们不懂语言，因此他们唱圣诗就跟我们的僧侣不懂语法一样……

> 圣母升天节（8 月 14 日）前夕他（哥塞特）到达撒里答的翰耳朵……几个当书记的匈牙利人发现了我们，其中一个仍然知道怎样激情地唱圣诗，他被别的匈牙利人当成是一名教士，并且被叫去给死者的葬礼作祈祷……

> 圣安德烈节（11 月 30 日）我们发现了一个完全是聂斯脱里人的村子。我们进入他们的教堂，愉快地吟唱"圣母万岁"……

> 耶稣降临节的第二个礼拜天（12 月 13 日）晚上，当我们经过一处怪石林立的地方时，我们的向导捎话给我们，叫我作点祷告（bonaverba）……我们高声唱道"信赖唯一的上帝"……（蒙哥汗）

> 翰耳朵东端有所住宅上面有十字架，里面有美丽的祭坛圣像等，一个来自耶路撒冷苦修的亚美尼亚僧侣在此，他们进教堂致敬，跪着唱道"福哉圣母"……

> 时值圣诞节，我们开始唱赞美诗：在太阳升起的地方，直到大地的尽头，我们赞颂主耶稣，圣母玛利亚所生……（耿升、何济高 1995：231-263）

沿途行中，天主教士的鲁布鲁克不时与东方的基督徒和早已在蒙古扎根的聂斯脱里信徒相遇。此派别被当时罗马天主教会定为异端，东方的礼仪方式和音乐语言风格等与之差异较大，因此鲁布鲁克一路所见出使地非正统教派"横行"，而自己又居于后来者之位时，自然会有一番看法。书中记载他如何面对与之有分歧的礼仪细节及其观点：

> 我们发现有个来自大马士革的基督徒……他在波斯购买了一些亚美尼亚乐器……他却带着乐器去朝见蒙哥汗……
>
> 亚美尼亚僧侣薛儿吉思在主显节的第八天（1月12日）为蒙哥汗施洗：所有聂斯脱里教士天不亮就聚集在教堂里，敲响板子，庄严地作晨祷，然后穿上他们的法衣，准备好一个香炉和香料……教士们同时大声吟唱，把香交给夫人手里……蒙哥汗来到教堂即礼拜堂……我进入礼拜堂，胸前捧着《圣经》和《祈祷书》……他们现在要按我们的方式念赞美诗和吟唱，我们唱如下的诗句："圣灵显降"……现在那位夫人手捧一只盛满的酒杯，跪下请求祈福，同时教士们齐声高唱，她把酒喝完。同样，我和我的同伴在她饮另一杯时也不得不吟唱……她登上车，教士们唱着嚷着……在七旬节礼拜日（2月8日），那算是亚美尼亚人的复活节，我们列队前往蒙哥的宫室……聂斯脱里教士向他献香……然后他们唱圣诗，为他欢饮而祈祷……我们从那里返回我们在附近的礼拜堂，教士们醉得大声嚷叫和歌唱，在那些地方，无论男女，这样做都不受谴责……
>
> 这些聂斯脱里信徒经常朝着两根连在一起、有两人拿着的树枝，唱他们自己编的圣诗，我简直不知道那是什么诗句，那个僧侣在做这种仪式时站在一旁，还有他表现得其他轻浮举止，使我感到不满。然而为敬礼十字架，我们仍跟他作伴，我们经常把十字架高举在营盘里行走，吟唱"在主的旗帜下前进"……
>
> 圣枝主日（4月5日）我们接近哈剌和林，一大清早，我们向几枝尚无发芽迹象的树权祈福。到第九个时辰，我们进入该城，举着十字架和旗帜……再进入教堂，聂斯脱里信徒排队出来迎接我们。进入教堂后，我发现他们正准备做弥撒……唱完弥撒已是午后……
>
> 圣礼拜四和复活节即将到来，我却没有我的法衣。我考虑到聂斯脱里信徒的作法，急得不知该怎样办：是从他们那里受圣礼呢，还是穿着他们的法衣，用他们的圣杯和站在他们的祭坛上唱弥撒，或者干脆不行圣礼……他们随便地给我们施圣礼，让我们站在唱诗

班的入口处，看他们的作法……在唱诗班旁边有一间房屋……（耿升、何济高 1995：267-287）

另一份重要而被引用最多的相关史料，是元代在元大都北京建立多所教堂的意大利方济各会士蒙高维诺至教宗的两封书信。1305 年 1 月 8 日第一封书信提及，蒙氏在汗八里建一教堂，并有三口大钟的钟楼一座。他收养 40 个当地儿童，教习拉丁文、礼仪、音乐和经文，并组成唱诗班：

> 我为他们施洗后，教他们拉丁文字母和圣教礼仪。我为他们抄写三十首《附谱圣咏》，两篇《圣务日课》。其中十一名儿童现已懂得礼仪，他们组成数个唱歌班，每周轮流在圣堂服务，不论我在堂与否，皇帝陛下也颇喜欢听他们唱歌。我敲钟，和儿童们共同举行每日祈祷，直到仪式完毕。不过我们是默唱，因我们没有附乐谱的祈祷书……谨祈我会会长寄我一本《应答对唱赞美诗集》，一本《对答吟唱赞美诗》和一本《附谱圣咏》，因为我仅有一本只有数课的袖珍《日课》（Lessons）和一本很小的《弥撒书》（Missal）。所需诸书，如我各有一本，则儿童们可以抄写……现在我已将全部的《新约》和《圣咏》亦称中文（蒙文——译者注），并请人用最优美书法抄写完毕……阔里吉思王在世时，常约我将《拉丁文日课经》全文译出，以便在其所辖全境诵读；我常在他的教堂按照罗马仪式举行弥撒，无论是弥撒的主要部分，还是序祷，我皆用当地语言文字。（1984：阿·克·穆尔 196-199）

此处蒙氏提及已将拉丁弥撒仪式的主要部分使用当地语言鞑靼语即蒙语，这可算拉丁礼仪中国本土化的最早实现。圣歌则是传统的拉丁文格里高利圣咏，他提到的歌谱也是教会常用歌咏本。此时儿童唱诗班练习得很熟练，可以协调地进行轮唱，由声音条件较好的儿童领唱，大汗很喜欢这个儿童唱诗班，常常召集数人前往皇宫为他演唱。蒙氏在 1306 年 2 月 13 日的第二封书信中谈到，1305 年他又在大汗门前建一新堂，他们按习惯的方式唱无歌谱的《每日颂祷》祷词，大汗在宫中可以听见他们的歌声。

意大利方济各会士马黎诺里在《游记》中记载，1342 年他前往北平觐见元顺帝时，仪式隆重，有随员 32 人，马氏衣祭服，导以十字架，提香炉与歌咏者绕行于后，为顺帝祝福。（方豪 2008：372）他唱的赞美诗是"天主惟一"（Credo in Unum Deum）（又译信经，笔者按）（陶亚兵 1994:28）

二、明清时期——传教士与音乐

早期来华的天主教信徒以耶稣会士居多，这个重视文化传教的修会为中西文化交流做出巨大贡献。汤开建在〈16—18 世纪经澳门进入中国内地的西洋音乐家考述〉中考证，此时期有史书记载的音乐家有名者 23 人、无名者 9 人，他们均是神职人员。不少人深受朝廷的赏识并成为皇宫的御用乐师，教授西洋音乐等，藉此也为他们的传教工作奠定了基础。宫中音乐会时常奏响在古老的紫禁城中，而最早接触西洋音乐的中国人就是奉命向西教士学习的朝中太监们，由穿着清装金发碧眼的洋人和他们培训出黑发长辫的学生们一起组成的西洋室内管弦乐队或合唱队的表演是宫廷中一道靓丽的风景。

意大利籍耶稣会士利玛窦（Mattheo Ricci）1582 年来华传教，曾携古钢琴（clovichord）等各类西洋器物到北京进献于明万历皇帝。利氏本人可能并不擅演奏，因此与他同行的西班牙传教士庞迪我成为中国皇宫的第一位外国音乐老师，负责教 4 名太监学习古钢琴。一个月后，他们每人学会了一首乐曲。利氏虽不会弹琴但通晓音律乐理，他为这些太监学会的西洋乐曲编写了中文歌词《西琴曲意》八首（陶亚兵 1994：42-45），这是以天主教思想道理为内容、字句自由的汉文韵语诗。据《利玛窦札记》提供的线索，应作于 1601 年 2 月或 3 月，全词处处流露出利玛窦虔诚的信仰观，被认为是最早中译的天主教赞美诗歌词。由于《西琴曲意》很受欢迎，神父们就把它和其他的一些乐曲印刷成一本中外文的歌词对照集，其音乐曲调无法得知。利玛窦还是较系统客观地向欧洲介绍中国音乐第一人，他以尊重中国文化的传教策略打开了明清时期天主教在中国的传播大门。利氏和在他以后来华的耶稣会传教士们开辟了中西文化交流"西学东渐"和"中学西传"的历史。

德国籍耶稣会士汤若望（Schall von Bell,Jean Adam ）1662 年来华，是明清交替之际在中国最有声望的传教士。他为明崇祯帝修理了被遗忘的 40 年前利氏所献之古钢琴，并奉命制作新琴，藉此机会他还撰写了一本中文的《钢琴学》，后附赞美诗旋律一首作为练习谱例，不过该书已失传。清顺治帝时，汤若望在北京宣武门建立新教堂并安装了管风琴。

葡萄牙籍耶稣会士音乐家徐日昇（Thomas Pereira），1672-1673 年在澳门圣保禄学院学习，他以清朝宫廷乐师尤其是康熙皇帝的音乐老师而闻名。擅长演奏并制作西洋乐器，着有《律吕纂要》第一部关于西方音乐理论的中文书籍，成为 17 世纪西乐东传的代表人物。

1699 年（康熙 36 年），来华的 9 名法国传教士均擅长演奏或制造各种乐器。担任乾隆朝音乐教师的德国教士魏继晋与波希米亚教士鲁仲贤一起合作，指导由 18 个太监组成的合唱队学习唱歌和音乐。

意大利籍耶稣会士德理格（Theodoricus Pedrini），1710 年抵达澳门，擅长演奏横笛、羽管键琴和绘画，会制造乐器，而且是一名作曲家。后进北京受康熙之命担任宫廷乐师，并参加康熙钦定《律吕正义》第 5 卷《律吕正义·续编》"协均度曲"的撰写工作，这是中国第一部中文西洋乐理著作。德理格遗作有浓郁复调风格的奏鸣曲 12 首（小提琴独奏与固定低音谱），他是继徐日升之后又一名以精通音乐而著名的西教士。

法籍耶稣会士钱德明（Jean-Joseph-Marie Amiot）1750 年抵达澳门，擅长演奏长笛和古钢琴，居京 42 年，任清廷钦天监和乐师。他努力学习和研究中国音乐，翻译李光地的《古乐经传》，所著的《中国古今音乐篇》是最早以外文撰写的中国音乐著作，以尊重中国文化的态度客观积极地介绍和评价中国音乐，为中西音乐文化交流做出了重要贡献，该书一直被西方学者当作研究中国音乐的重要参考。此外他还汇编《中国乐曲集》（1779 年），此书未刊共一卷 8 册 54 首乐曲，藏于巴黎国立图书馆写本部（陈艳霞 1998:186），包括 41 首俗曲和 13 首天主教礼仪歌曲《圣乐经谱》（Musique Sacrée, 1779），法文副标题"谱成中国音乐的重要祷文曲集"（Recueil des principales prières mises en musique chinoise）。

关于编写天主教圣诗及圣歌音乐的传教士，还有 1660 年在山东传教的鲁日满神父为村民编写了《通俗圣歌集》；澳门的葡萄牙神父江维沙（Joaquim Agonso Goncalves）创作很多宗教音乐作品，他的学生土生葡人玛吉士（Jose Mareinho Marques）撰写《音乐要素》一书。

值得提及的是唯一一位国籍神父吴渔山（吴历）（1632-1718）的相关作品，他是最早由第一位中国籍主教罗文藻所擢升的三名中国籍神父之一。吴氏是书画家、诗人亦擅奏古琴，他作于澳门圣保禄学院学习期间的诗文《三巴集》一卷，包括岙中杂咏 30 首、圣学诗 82 首和三余集 89 首，很多诗文透露出对天主教音乐的千丝万情。如〈感咏圣会真理〉第五首"广乐钧天奏，欢腾会众灵。器吹金角号，音和凤狮经。内景无穷照，真花不断馨。此间绕一日，世上已千龄。"〈感咏圣会真理〉第八首"提福佳音报，传来悦众心。灵禽栖芥树，小骑击蔔林。遍地玫瑰发，凌云独鹿深。登堂无以献，听抚十弦琴。"圣学诗之〈咏圣会源流〉第八首描述授圣职礼仪的场景："荣加玉冕锡衣金，血战功劳赤子心。万色万香万花谷，一根一杆一蔔林。刃灵饮饮耶稣爵，跃体倾听达味琴。圣圣圣声呼不断，羔羊座下唱酬音。"等等。吴氏用中国传统音乐的曲牌和古歌填词的弥撒和赞美诗歌词《天乐正音谱》共有南北曲九套、拟古乐歌二十章。其中南北曲九套，以曲牌填词写成。这是中国人创作最早一部大型的具有中国艺术风格的天主教圣诗，曲调套用曲牌和古歌的写作手法，可能是弋阳腔曲调（弗朗索瓦·皮卡尔 2007:126）。另外，吴渔山《墨井集》中的一首诗"仰止歌"，曲调在 1920 年由裴昌年编配上仄起吟诗调的"云淡"一调，刊印在 1936 年的中国教会自行编辑的第一部大型基督教（新教）赞美诗歌曲集《普天颂赞》中第 30 首。现收录于中国大陆新教教会通用的中国基督教（新教）两会出版的《新编赞美诗》第 386 首。

　　晚清时期，比利时圣母圣心会神父彭嵩寿（P.A.Van Oost）对鄂尔多斯民歌有专门研究，他通晓音乐，1902 年来鄂尔多斯传教，随身携带有一台可拆卸的脚踏风琴，收集整理蒙汉民间歌曲并出版。同时将鄂尔多斯民歌的旋律与天主教音乐结合，创作出本土化的圣歌。刘奇编注整理的《近代中国鄂尔多斯南部地区民歌集》是彭神父相关著作的中译本，书中前言说明在一本法文小册子《中国音乐》中提及，1912 年左右彭神父把 32 首鄂尔多斯地区的民歌连同一卷录音资料，寄到了维也纳皇家科学院录音档案馆。他曾出版《蒙古民歌选集》、《鄂尔多斯南部民歌》、《鄂尔多斯的蒙古音乐》、《二十首中文圣歌集》、《土默特笔记》第五章民歌和民间音乐、《鄂尔多斯地区》第八章民歌、《中国和蒙古：它们的音乐》等相关中国音乐的著作。

三、明清时期——北堂礼仪音乐

　　礼仪圣事是探索神圣体验的桥梁，传教士留下的书信描述了明清时期的教堂仪式和乐器的使用。利玛窦 1605 年 1 月 1 日致马赛利神父的书信中提到，1604 年北京圣诞节庆典，"在三四次的弥撒中都有歌唱、奏独弦琴和竖琴。"（裴化行 1993:511）1611 年 11 月 1 日诸圣节早晨举行了利玛窦葬礼仪式，信徒们来到教堂手持蜡烛，点燃乳香。先举行当日弥撒，奏起风琴和其他乐器。礼毕移棺柩进教堂，朗诵《死者祭文》，然后举行葬礼弥撒致悼念词。（利玛窦、金尼阁 2010：646）

　　教堂仪式中使用中国乐器的明确记载，最早可见杜德美（P.Pierre Jartoux）神父的描述：1703 年竣工的北京北堂圣诞之夜隆重的弥撒仪式中，"倘不是中国乐器（它们有种我难以名状的乡间气息）让我想起自己置身于外国传教区，我真以为自己身处享有宗教自由的法国腹地。"（杜赫德 II 2005:3）

　　韩国英神父（Pierre Martial Cibot）在 1773 年 6 月的一封信中[1]详细描述北堂耶稣圣心节的礼仪圣典，这是难得的清朝教堂礼仪场景的文字再现。华美的祭服、雅致的装饰和唱经班的圣诗歌声贯穿于整场仪式中令读者亦梦亦幻。

　　　　这是多年前在北京确定的耶稣圣心节（la fête du sacré Coeur de Jésus）……节庆典礼在圣体修会小教堂举行（Congrégation du saint Sacrement）……为增加排场，乐师修会以及由做弥撒时负责向主祭答话呼应的人们所组成的修会也参加了进来……乐师修会负责重大节庆活动的声乐和交响乐……许多贫穷的新信徒，后者从其赖以为生的工作中抽出时间到修会里咏唱对天主的颂歌……圣体节八日庆期之星期四的下午 2 时许……听乐师修会排练为第二天准备的经文歌、感恩歌和几段乐曲。排练延续一个多小时，但此前却需筹划许多日子。对于资深乐师们的虔诚和新乐师们的用功，传教士们赞赏不已。新乐师们今年演奏得非常成功，大家都很满意；不过资深乐师即前者的导师们显得最为迷人。音乐排练结束后，新信徒们便用中文背诵祷文，其中还有几小段反复吟唱的声乐曲……人们可看到唱经班那些小歌手，其虔或敬程度丝毫不亚于最热忱的初学修士。这些小歌手还被指定在圣体前投放鲜花……晚祷通常是在教堂里以歌唱形式进行的，一直延续到晚上 10 点钟……凌晨 3 点 30 分，忏悔再次举行，它可延续整个上午。4 点钟时是第一场伴有音乐和交响乐的大弥撒，展示圣体时还要唱经文歌。帐篷内的乐师们于弥撒间歇时演奏乐曲，小教堂中的乐师则于每场弥撒的规定时间演奏。乐师们身穿宽袖白色法衣在圣餐桌下方跪成两行。弥撒结束后，人们庄严地咏唱大祷文……第二场大弥撒是 6 点左右举行的，这场弥撒开始前有一段短暂的间歇时间，以便让大家作好准备并让乐师们喝一杯茶。在这一片刻空闲时段，帐篷内的乐师需演奏乐曲……大弥撒结束后，人们抬着至圣的圣体列队行进，队列顺序如下：最前面是十字架，紧随其后的是身穿紫色丝袍、头戴宗教礼帽的四名唱经班的孩子，随后是部分世俗服饰打扮的乐师，再后面是圣心修会

1　此信未注明事件，推算时间约为 1773 年 6 月 18 日或 1776 年 6 月 14 日，前者的可能性更大，详见天主教上海教区光启社 1997《明清间在华耶稣会士列传1552-1773》:1118 注 10。

成员，还有身穿宽袖白色法衣的乐师和穿着白色长衣的四名唱经班的孩子……两支合唱队不断地、毫不混淆地唱着歌，他们（每支歌）的重新开始则是撒花人和奉香者轮流撒花、奉香的信号。十字架进入教堂之际，鼓声和其他乐器声大作，直至圣体安放在祭坛上；这第三支乐队位于教堂深处的祭廊上……在唱经文歌、上香和祈祷结束后有一段短暂的寂静，当司铎转身向大众祝福时，教堂里重新响起了一片乐曲声……（杜赫德 2005VI：1-5）

陈艳霞《华乐西传法兰西》一书，为读者提供了最早的教堂天主经唱谱。谱例 2-1《汉文主祈经》的吟诵式曲调共有四个音符，与今日中国各地教堂念天主经的音调类似，符合欧洲天主教吟诵式格里高利圣咏特点，这种在中国教会亦被称为"念经"或"唱经"。此例唱词由法国人夏尔·里维尔·迪弗赖斯尼翻译，1713 年 10 月发表篇名〈中国之谜〉或〈某些中国歌曲的唱词〉于《优雅信使报》。（陈艳霞 1998：8）

（谱例 2-1，陈艳霞 1998:23-24）

　　1779 年钱德明神父为皇家文库图书管理员比尼翁先生寄去《中国音乐篇补遗》和《中国乐曲集》，其中有 13 首天主教礼仪歌曲《圣乐经谱》："我也让人抄录了一些被谱曲的祈祷经文，它们在我们的教堂中于隆重的日子里演唱。它们同样也都被抄在两大本中，其中第一本完全是按照中国方式抄写的，第二本则是以我们的方式按行抄录并附有汉语音符。"（陈艳霞 1998:187）曲集中有一首天主经乐谱，与谱例 2-1 的曲调完全不同，是典型的中国音乐旋律。原谱为五线谱与工尺谱、汉文与法文唱词对照版。（谱例 2-2）

（谱例 2-2，陈艳霞 1998:193-195）

　　陈艳霞认为这是属于昆曲风格的音乐，"至少对于熟悉昆曲音乐的中国人来说，它们都会对听到以如此方式演唱欧洲的祈祷圣诗感到奇怪。"（陈艳霞

1998:188）梅谦立《历史导览——北京交通及北京耶稣会足迹导游册》一书，也引用了这首天主经的简谱版（谱例 2-3），并说明这些 250 年前所谱写的中文弥撒曲至今仍在礼仪中吟唱。

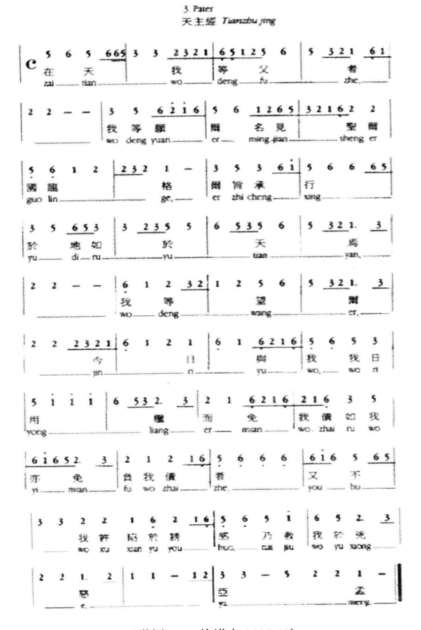

（谱例 2-3，梅谦立 2007:65）

当代法国汉学家皮卡尔将钱德明的《中国乐曲集》（4卷工尺谱、4卷工尺谱与五线谱对照抄写）整理，并用五线谱记录下来，其中包括利玛窦的《西琴曲意》全套和不完全的北堂圣母晚祷（圣母小日课）音乐。全套13首天主教的礼仪歌曲标题是：洒圣水、初行工夫、天主经、圣母经、申尔福、三弟西玛、圣体经、卑污罪人、举扬圣爵、圣时、良善、已完工夫。皮卡尔认为这些是类似南北曲风格的纯正中国传统音乐。（弗朗索瓦·皮卡尔2007:126）2002年皮卡尔联系上西什库北堂唱经班，希望由他们来演绎这一套曲目。2003年中法文化交流年之际，北堂唱经班与中央音乐学院教师和旅法华人组成的梅花乐团和法国18－21光明乐团（ XVⅢ-21,Musique des Lumières, Fleur de prunus）在法国连袂演出了别具特色的音乐会。2004年法国与中央音乐学院民乐系教师及西什库唱经班合作录音出版CD《明清北堂天主教晚祷》，由台湾上扬唱片以及北京北堂内部出版。[2]从唱片中听，利玛窦的《西琴曲意》曲目有典型的古钢琴数字低音伴奏的巴洛克音乐风格和巴洛克式演唱方法、旋律风格等，也有用巴洛克乐器主奏、中式风格的伴奏加上西式主旋律甚至中文吟诵的混合等等，并非格里高利圣咏或换词歌曲之类。圣母晚祷及圣歌类是更典型的中国音乐和巴洛克音乐风格融合：清宫廷音乐、苏南十番乐、诗词吟诵和佛教风格音乐与巴洛克音乐穿插连接；或亦用中式乐队伴奏而演唱复调写作手法的中式旋律；或亦在教堂复调颂唱中巴洛克乐队与中式乐队分别担任不同的声部，两种风格交错演奏。虽不知四百多年前西什库北堂音乐的原貌，但今人的演绎提供了追溯古乐的难得音响线索。

第三节　近代的礼仪音乐

一、重大事件

1、首批国籍主教

近代中国的天主教会，为数不多的国籍神职人员地位低下，除受外籍神职歧视外，国籍主教更无一人。真正牵挂中国教会发展的人士，明白培养本

2　早在1998年法国梅花和光明乐团根据这些乐谱录制CD《MESSE DES JÉSUITES DE PÉKIN》在巴黎出版，详见附录二。

地神职才是明理。1924 年首任宗座驻华代表刚恒毅在上海召开全国主教会议，之后六位国籍主教人选出炉，他们是：河北宣化代牧区主教赵怀义（北京教区神父）、河北蠡县代牧区主教孙德桢（遣使会士）、山西汾阳代牧区主教陈国砥（方济会士）、浙江台州代牧区主教胡若山（遣使会士）、浙江海门代牧区主教朱开敏（耶稣会士）、湖北浦圻代牧区主教成和德（方济会士）。1926 年 9 月 3 日刚恒毅率六位被选主教亲赴罗马，10 月 28 日教宗比约第十一世在圣伯多禄（又译圣彼得）教堂以隆重的礼仪亲自为首批黄皮肤的中国籍主教祝圣，这成为国人天主教会近代史上最值得纪念和自豪的事件。这场八十多年前在金碧辉映的梵蒂冈伯多禄教堂中举行的罗马天主教拉丁文弥撒大典，由庄重的格里高利圣咏、恢弘的四部合唱和华丽的圣礼仪节组成，整个仪式令真正关心中国教会发展的比利时神父雷鸣远泪流满面。此次盛典全过程，见民国期刊《圣教杂志》之"教宗庇护第十一御亲祝圣六位华籍主教纪盛"：

> ……八点半忽闻银号奏凯旋歌。皆知教宗已进大堂。同时音乐楼上起唱四合音之"汝为伯多禄云"。是日教宗衣白色常服乘肩舆。由贵族侍卫。及御侍主教拥护。克来茂乃西总主教等（管圣伯多禄大堂之更衣所者）刚主教偕六位新主教随后……至祭台前教宗下肩舆。升御座……与钦刚使则衣大圆衣（加扒）毕。教宗下御座登祭台。六位新主教同至止祭台前。跪于圣父前行发誓礼。先由赵主教至圣父座前诵誓文。亲圣经。并亲教宗足。后退下。其余五位主教亦按次行同样发誓礼。毕。教宗开始行弥撒诵小悔罪经祝文等。六位新主教应诵。然后教宗升祭台。六位主教回至临时长祭台前衣主教祭服等。毕。齐登祭台。与教宗同时诵弥撒经文。直至诵毕书信及 Graduale 后半……然后谕命众人为新主教祈主。毕。教宗跪于祭台前。而六位新主教则仆伏于地。同时即起唱诸圣祷文。直至为主祝圣现被选者 Ut hunc prae entem Eectum benedicere digneris etc 等三句。教宗起立。左手执十字御杖。右手画圣号。独唱此三句。六位主教起。先后挨次跪圣父前。圣父先将圣经置于六位新主教头颈。祷文毕。然后附手于首曰。"汝其领受圣神"。教宗高唱祝圣主教之弁诵 Praefatio 此时一宗座六品

（Massimo Massino 主教）以白布条束新主教首额。然后教宗起唱伏求圣神降临。音乐楼上遂以四音合调接唱。是日乐师为最著名之音乐大家白老西主教。故诸音乐选手愈觉有兴。而声调幽雅宏壮。悠扬婉转。上击云霄。此时教宗以圣油擦抹新主教首顶。并口亲新主教脸曰。"祝尔平安"毕。教宗续唱祝圣主教弁诵。此时众人忽见教宗御容剧变。犹似慰极而喜。喜极而哭者焉。果唱至"凡咒骂彼者。必被咒骂。凡祝福彼者。必被祝福"之句。圣父眼泪济济。声调咽呜。未克继唱如前。故略停片刻。此时在御座前者莫不感激流泪。尤其与传信部秘书长马尔该提总主教并座之雷鸣远司铎。自大礼开始即泪流如雨。至此而其泪流更如泉涌矣。唱毕。教宗复以圣油擦圣新主教两手。然后教宗按礼目念经文。同时将牧杖。及戒指授■新主教。并口亲新主教之脸。按此六牧杖皆系罗玛（圣伯多禄栽培本地■职会）所赠送者。毕。教宗洗手而六位新主教则同回临时长祭台■■。洗手后即登祭台。与教宗同时继行弥撒。至诵信经及奉献诵 Offertorium 后。教宗坐于祭台正中。戴礼冠。此时先由赵主教率领赵司铎（赵主教之弟一同来罗玛者）与传信部华生等五人。手捧蜡、酒、面包献于教宗……六位新主教同登教宗之正祭台。与教宗一同继续行弥撒大祭。直至念完"除免世罪天主羔羊者"。有一大司礼主教。手捧平和器 Instrumento della pace 下正祭台。至每位枢机前。而众枢机则逐一口亲和平器。然后六位主教一一向圣父行领受平和礼。而新主教再将此平和礼行与二位襄礼总主教。至领圣体时教宗将面形之一半自领。其余分送与六位主教领食。并将圣血与六位主教领饮。仍继行弥撒。直至降福时。教宗以大礼降福众人。教宗复坐于正祭台中。为六位新主教行戴司牧礼冠及手套。六位主教乃并坐于正祭台上。戴礼冠。执牧杖。教宗坐于正祭台之右角。随启口向六位主教念稍长之拉文训谕……训谕毕教宗启唱"赞谢主颂"Te Deum。而音乐队以四音和调接唱。此时六位新主教戴礼冠执牧杖。由大司牧主教。御卫队等引领陪行。自正祭台起直达大堂之正门而回。一路举手降福众人……（民十五、十一月五号陈之藩由罗玛通信）（圣教杂志 1926 年 12 期：530-535）

六位国籍主教在欧洲与沿途各地都受到前所未有的礼遇，此行从前路到途中再到返乡，所有情形之热烈超乎今人想像，这也是国人首次在欧洲宗教界和普通群众中受到如此高的礼遇，随行的详细报道提供了难得的罗马天主教拉丁礼仪与音乐的概貌。罗马传信部大学是祝圣大典之后的第一家接待方，他们举行了盛大而颇具特色的多国语言欢庆会，这是拉丁礼仪全球本土化的一个预示。

> ……是日（三十日）……由校长……陪六位新主教玉步进大礼厅。同时掌声隆隆如雷。落座后。即按预定秩序。开"十国文字演诵会"Poliglota。先由本校歌乐队。唱一音和调之拉丁"求为教宗诵"。毕。由田稳康君进拉丁颂词。后挨次安南。印度。日本学生各进本国赞词。毕。复由歌乐队唱四音和调之"玛特理加来"Matdrigale。后继亚拉伯。罗玛尼亚。那威诸国学生进演本国颂词。毕。继唱三音和调意文之"音乐花朵"Ftore mustcale。继由荷兰。英国学生各进本国赞词。然后由陈之藩进汉文颂词。毕。唱四音和调之拉丁（请义人踊跃于主）Exultate Jusli 歌。最后全体华生唱新编之庆祝六位本籍新主教歌。"本族同胞踊跃兮云云"。亦系三音和调。调系本校乐师蒲拉理亚大司铎（罗玛著名音乐家）所编者。幽雅活泼。异常中听。大受六位主教之奖许。事后数位主教曾索求此歌。欲带回祖国……午后一下一刻。大开盛筵……而本校歌乐队曾二次进唱四音和调歌。尤其洋洋中听者为意文之二万岁歌——教宗万岁。王枢机万岁。六位华新主教万岁……毕。全体同声唱万岁歌……最后由华生全体唱国歌……（圣教杂志1926 年 12 期：537-540）

祝圣后的六位国籍主教在欧洲和回国沿途受到中外人士的热烈欢迎，山西太原长治两地对本省陈国砥主教的归来以极隆重的礼节歌舞欢庆。欢迎会上唱歌奏乐，用中文、拉丁文和英文三种语言颂词，"笙箫琴瑟，韵雅乐人"。（圣教杂志 1927 年 6 期：277）河北宣化赵怀义和蠡县孙德桢两位主教抵达天津西开总堂参加欢迎礼，由鞭炮和军乐队助兴。之后二主教乘火车抵达北京，北堂举办大礼欢迎：钟楼敲响，电灯通明，主教进堂时，二层唱经楼音乐大奏。弥撒中举扬圣体时，教堂外鞭炮放响，教堂内唱经楼上奏中华国乐示中华归基督之意。礼毕餐后，主教讲道降福，唱谢天主经。（圣教杂志 1927 年 5 期：228-230）数日后，赵主教抵达长辛店时正逢礼拜天，遂午前行大礼弥撒，午后行圣体降福，礼毕军警绅商代表参与庆祝会以示欢迎，节目有奏乐唱歌、献花晋颂、跳舞幻术等。（圣教杂志 1927 年 6 期：276-277）

由于教务繁忙劳累过度，一年后河北宣化教区赵怀义主教去世，三年后山西汾阳教区陈国砥主教去世。1928 年 6 月宣化教区为主教举行葬礼，第一日所有神职人员、修士修女、信徒与中西乐队参与。全体沿路诵经奏乐，至教堂后院灵柩前，各方人士轮流守护诵经。第二日早灵柩移至教堂中央，装饰蜡烛花圈与主教制服等，举办追思弥撒，礼毕按追思已亡礼仪打安所五次，抬棺至圣母祭台前，行安葬礼。（圣教杂志 1928 年 8 期：373-374）次月，长辛店童子军团体也为赵主教举行追悼礼，程序为振铃开会、提前照像、念仰赖圣心求救灵魂诵、主席宣布开会宗旨、默静三分钟致哀、奏哀乐、念为巳亡主教诵、奏哀乐、唱拉丁文追悼经（包括"必哀耶稣刀米内"、"刀纳哀衣斯来规耶"、"三彼呆肋纳"）[3]、读追悼辞、唱追悼歌、请神长致辞、来宾演说、请主教家属致辞、振铃闭会等，次日举行追思弥撒。（圣教杂志 1928 年 9 期：423-426）1930 年 6 月，汾阳总堂为陈国砥主教举行大礼追思弥撒，意籍太原教区主教凤朝瑞主礼，德籍朔县主教俞广仁辅礼，弥撒礼毕行安所礼，遂葬于山西汾阳峪道河，《圣教杂志》1930 年 7 期刊登葬礼全过程。

祝圣国籍主教是中国天主教历史上的重大事件，也是天主教中国本土化的关键一步，虽然从本质上并没有改变天主教的洋外衣，也没有扭转外籍主教一统中国教区的主要局面，但毕竟是来之不易的一步跨进，对当时的国籍教民来说也是值得骄傲的事情。因此祝圣事件的十年之后，各地仍纷纷纪念庆祝。如山西汾阳公进指导会举行庆祝大礼弥撒为中国和平祈祷，除附近信徒团体参加外还有贺家庄的音乐会团体。弥散之后的庆祝会在修院二层礼堂举办，信徒奏乐唱教宗歌、党歌，表演两部新剧、双簧等节目，每幕剧毕每次讲完均以音乐与钢琴和之，庆祝会结束后由贺家庄音乐会欢送。（圣教杂志 1937 年 2 期：126）

---

3 此为汉字谐音，如"必哀耶稣刀米内"为拉丁文"Pie Jesu Domine"，中文译为仁慈的耶稣。

2、中华真福列品

近代中国有大量中外籍神职以及平信徒死于教难教案，尤以 1900 年义和团运动最为突出。这场运动是反洋教反侵略的斗争，但它却造成灾难性屠杀平民儿童的事实，并导致更为糟糕的国难和耻辱。其中，在华天主教会较基督新教会的损失要惨重得多，而中国信徒的死亡人数更远超乎洋人。仅山西北境（太原）教区一地，短短几月内三千余平信徒被杀。笔者在太原教区唱经班所遇一位女高音成员，其曾祖父是庚子案中被砍头的平信徒，因侩子手未将其头部筋骨砍断而幸存。该信徒讲述家史时，特别强调"殉道者的血是教友的种子"。罗马教廷为纪念贡献突出的殉教者，常以严格审核并给予头衔加以纪念。此程序称列品，第一阶段为"真福品"，受到地方区域性的崇拜纪念。第二阶段为"圣品"，宣布为"圣人"楷模，受到全球普世教会的纪念。

1946 年 2 月田耕莘主教成为亚洲和中国的第一位枢机（红衣）主教，与此同时中国天主教会成立圣统制，梵蒂冈和民国蒋政府正式互派公使。11 月 24 日教宗比约十二世将 1900 年间 29 位在中国殉教者列为真福品，并在圣伯多禄大堂举行大典。1947 年太原教区出版的《新光季刊》第一卷第四期为殉教先烈专刊，详细介绍该 29 位殉教者的生平事迹。其中 26 位在太原殉教，其余 3 位在湖南衡阳殉教，包括中外籍神职人修士修女以及本地平信徒等。此事件的报道文献并不多见，对太原教区是具有纪念价值的历史重大事件，下为太原教区郭继汾司铎翻译的在罗马举行的列品仪式过程：

> ……约五时许……教宗由小堂来与偕枢机等同入伯铎大殿；这时四万余众的教民在大殿中高呼[圣父万岁]，银号队的乐器同时演奏者进行曲，教宗乃於呼声乐声中举手降福民众。行将至大殿正祭台前时，教宗下舆，跪俯于礼凳前；这时祭台上供出圣体（O Salutaris Hostia），圣歌也悠扬地唱起来，接着教宗向圣体奉香！歌咏会又唱起（Sanctorum meritis）圣诗，圣诗毕，教宗朗诵新致命的祝文（Oremus），然后续唱钦敬圣体的（Tantum ergo）圣诗，教宗接着向圣体二次奉香；经毕，李路嘉总主教举行圣体降福……所献的礼品，有圣髑楼一座和新列品的行实像片以及花圈等物……礼品分施毕，教宗复行至祭台前恭谢圣体……翌日晨

> 十时许……行开祭礼，次由华谛冈会议员阿来各尼蒙席主教诵读
> 列品诏书（Breve），诵毕，由若望斯米特主教导唱（Te Deum）圣
> 词，这时在祭台上供着真福董神父的圣髑，并高挂着二十九位烈
> 士的绘像；圣词唱毕，由主祭枢机诵新列品之祝文（Oremus），
> 然后向圣髑与圣像致香，遂行大礼弥撒，直至中午方告毕。（新光
> 季刊 1947 年 4 期：79）

太原教区为此特定 12 月 25 日到 31 日七天庆礼，每天举行大礼弥撒，每晚 5 点信徒公诵玫瑰经、讲道以及圣体降福，最后三天由教区修士分班演戏剧助兴。（新光季刊 1947 年创刊号：18）

在这些殉教者中，关于山西教区副主教艾士（S.Gregorius Grassi,OFM）的回忆片段，是一则 19 世纪末期天主教山西本土化融合的很好例证。艾主教为意大利方济各会士，1867 年升为山西教区的副主教，1891 年担任山西北境（太原）教区主教。他管理山西教务 24 载，建造教堂 60 余座，生活完全中国化。1900 年艾主教死于"庚子教难"，1946 年被列为真福品，2000 年被册封为圣品。

> ……圣艾主教，虽有他的小堂，但年中大半在大堂做弥撒。弥
> 撒前，在圣体台前行默想，弥撒后，在圣体台前谢圣体。圣诞前九
> 日，及圣母月内，他于弥撒后，领教友唱中国经，并亲自举行圣体
> 降福。每日午前，与神父及修道生等，在大堂公念晨经，晨时，午
> 时，申初，四段本分经，下午两点钟，他进入大堂在圣体台前，各
> 自一人念本分经，及朝拜圣体。晚七点半，与神父们在圣体台前行
> 默想。晚九点钟，他亲自降福堂中的服役人。主教的服装，完全中
> 国化，瓜皮缎帽，羽绫缎全盛鞋，冬则曲绸棉袍，大红风帽；夏则
> 灰绸大衫。他在室内则吸中国早烟；玉嘴铜锅洋漆杆烟袋，一如中
> 国的一位道德老先生……（圣艾士杰额我略主教 @www.
> chinacath.org）

其他地区如河北宣化圣心修道院，也有为中华致命真福举行特别的仪式：先在早课默想之后举行大礼弥撒，仪式中奏中乐，礼毕明供圣体，全体学生轮流跪拜。下午全体念经乐声四达，主教举行五六品大礼弥撒圣体降福，所唱经文均系合音者。（多声部）（小军人月刊 1936 年 1 卷 11 期:89）

（图片 2-1：20 世纪 30-40 年代山西太原天主教神职，来源
http://www.tydao.com/2009/oldpic/gezijiaoan2.htm）

二、各类庆典

1、纪念庆典

纪念庆典主要有以下几类：教堂或教会建立周年庆，神职人员入会或晋铎周年庆以及各类名目的纪念活动等。

逢教堂建立或神职入会晋铎等 25 周年银庆、50 周年金庆、60 周年和百周年庆均为盛典。1929 年 10 月河北赵县尉家庄教会建立百周年纪念庆典当日，教堂钟声大作，信徒应声进堂，组团成员在郊外二三里地处迎接主教到来，旗帜队前导，音乐队继之。待到进堂之时音乐大作，众人公诵经文"吾主天主无极仁慈"，继则行主教大礼弥撒，午后再行圣体经福。（圣教杂志 1930 年 2 期：84－85）1931 年 8 月 2 日山西屯留跑马岭村重建圣母博俊古辣殿教堂银庆纪念，逢宗教兴盛、民众富裕，便是一场热烈的庆典。在大礼之前，该教堂首先举行九天的崇拜敬礼，唱诵圣母瞻礼前九日经文。然后迎接在晋鲁总修院祝圣的宗司铎之归来，欢迎队伍列队村头，旗帜队先导，沿途音乐锣鼓鞭炮声响成一片，待入教堂，全体先唱求为传教诵，司铎演讲降福毕，在音乐伴奏下入正房，全体请安散之。此为大礼庆典之序曲，待到 8 月 2 日圣母博俊古辣瞻礼银庆纪念日举行大礼弥撒：

> 弥撒前后。更以音乐迎送神父之往返……至修生之唱弥撒。皆著小白衣。跪立一行。于栏杆前。唱时。声音嘹亮。高低符节。诚难得也。中间接班就绪。和以音乐。更觉有趣……弥撒中。宗神父讲道。后继以圣体降福。教友出堂。用早膳。饭后拜瞻礼。并庆祝宗神父晋铎大会。午后二点。群众齐入堂中。开始恭迎圣母像……二人一列。鱼贯前行。一时经声。琴声。爆竹声。音乐声。声声不断。锣鼓喧天。旌旗蔽日……一路之热烈情形。有增无减。如常山之蛇。蜿蜒进行。此时唱歌。诵经。奏乐。前呼后应。一起一伏。悠扬婉转。虔诚恭敬。热烈踊跃。只听四面八方。一片经声。良久。复下岭西。途中鞭炮不绝。唱经不断。霎时间。正当入堂之际。而鼓掌民欢呼声。唱歌声。以及一切炮声。经声。透达云霄。布满空间。既入堂。男女老少。俱俯首。合掌。屈膝下跪。俯伏瞻拜。堂内万众。异口同声唱[奉献中国于圣母诵]及[亚物海星圣母歌]等经……末后神父以圣水降福全体信友……（圣教杂志 1931 年 12 期：761-763）

旧时一方信徒百姓会如过寿宴般为自己本堂区的神长庆贺，若逢大教区司铎的金银庆，更有官员绅商等出面，仪仗队锣鼓喧天赠送礼品贺寿欢庆。1921 年山西潞安教区荷兰籍文司铎入会 50 周年金庆当日，先举行大礼弥撒，礼毕修院学生鼓号队庆贺，并演出外国洋戏剧，众人高唱祝词。公开庆典在教堂举行，各地各村贺寿送礼热闹非凡，西洋鼓号队成为庆典中最抢眼的节目：

……炮鸣三声，前行为国旗，锣鼓队随之，抗牌旗伞数十柄，再后者为音乐队，最后为区对，恭抬徐行游街……余如羌城县南天宫张庄李村沟张村王村南垂郭村等处，皆送呢悼，每村皆用锣鼓恭送，本村即用锣鼓欢迎。是日，锣鼓声、乐器声、鞭炮声以及来宾欢贺声，闹成一片，震耳欲聋。嗣闻又有铜鼓喇叭声，循声而来，一为羌城安多尼学校师范及高小学生队，恭迎玻璃大区一方……乡间罕闻洋鼓洋号，故邻村数十里之教外人，皆扶老携幼，策马乘车，跻跄争来，络绎不绝。学生队当先者为国旗一对，次为鼓号，诸生衣操衣，冠操帽，排行整齐，步伐严肃……文公皆款以午膳。用膳时，鼓乐之声，仍不绝耳……（圣教杂志 1921 年 12 期：557-559）

1923 年 10 月 10 日年热河教区叶主教 25 周年银庆同样热烈，风琴唱经、锣鼓军乐、雅乐细乐、各村音乐队、鞭炮号角齐上阵助兴：

热河教务史六，庆日典礼盛况：……礼隆仪盛。具见吾圣教之庄严也。弥撒中司铎即公唱经。修道生齐和。风琴迭奏雅乐参之。主教高唱经文时。气足声洪……既而大礼告终唱谢天主经……诸礼毕。送主教归厅。音乐鞭炮随之……忽军乐细乐齐奏。而锣鼓喧天。盖迎主教至彩棚受贺也。至则文武官员列坐左右。以陪主教。有间乐止鸣角三声。告各执事注意。于是排列班次先后至彩棚前行礼。每起有音乐队先之。吉炮声随之。至、则乐声止。由赞礼者张鹏九先生。口唱就位。——脱帽。——一鞠躬。——再鞠躬。——三鞠躬。——跪求降福。——退位等语。至其班次。一、修道生读颂词唱万寿歌。二、耶稣圣心会友念祝词唱歌。三、公校学生诵贺词唱歌……七、三家乐队作乐行礼。八、松树嘴子乐队作乐行礼。最后主教致答谢辞而行降福。由是棚前诸人齐跪。北面而受降福……各乐奏齐。爆竹齐鸣。以殿其礼……（圣教杂志 1923 年 7 期：302-304）

1931 年太原教区胡司铎晋铎 50 年金庆纪念在太原总堂内庆贺，教堂内的庄严神圣全无乡村田间的野趣欢乐，喧闹不再，但弥撒唱经与堂内庆祝仍是热烈。共有 30 余位修士参与唱经，弥撒后庆贺会大小修士分班为胡司铎演唱庆祝歌、读庆祝词，信徒蜂拥前贺。（圣教杂志 1931 年 6 期：370）

除教堂和神职纪念庆典以外，旧时天主教会各类名目的纪念活动非常之多。如民国政府与梵蒂冈关系修好，信徒举办传统的教宗节庆贺。1936 年 7

月 5 日山西洪洞圣伯多禄座堂举办教宗节庆典，罗马教宗旗与中华民国旗高悬共庆，五六品大礼弥撒有修道院全体修生的加入，唱经班奏合风琴、民间音乐班夹和其间，雷鸣远神父讲道，礼毕全体恭唱"求为教皇诵"。（圣教杂志 1936 年 9 期：570）又如，为响应中华公教进行会运动，全国各地开展成立或纪念会议。这场始于 1912 年匿于 1949 年旨在中国天主教会内部组织信徒团体以发展教务的运动，是旧时中国唯一的平民信徒团体运动。各地成立或纪念公进会议时有一套基本固定的程序：与会之初先公唱俯求圣神降临圣诗、天主经、圣母经、初行功夫经等，或又诵在天亚物经，遂开会。会毕，会众或赴教堂唱谢主经，行告解神功等，《圣教杂志》中刊有多文记载。

2、欢迎庆典

欢迎庆典的内容多为神父或主教上任就职、巡查莅临、荣归故里等。迎来送往神职人员，不仅是旧时地方教会的职责所在，更有绅商官警等各级人士捧场助兴，这可以说明天主教会的势力及影响力。归纳史料，通常一场欢迎仪式，从十里八村外就已长龙列阵，旗伞队、民乐队、军乐队、锣鼓队、枪炮队、警察队、学生队、鞭炮队、自行车队、彩花牌坊以及横幅标语等——上阵，更不提熙攘的信徒人流以及凑热闹的教外平民，乡间城市莫不如此。

●上任就职

意大利籍方济各会士凤朝瑞是近代太原教区任职最长的一位主教，其初任于 1902 年 3 月 16 日至 1909 年 11 月 18 日。这是 1900 年义和团运动事发后，人员财物损失惨重的山西天主教会初步恢复期。此时罗马教廷任命在湖北传教的意大利籍神父凤朝瑞，时任山西北境代牧主教。太原天主教会为一雪教案中的耻辱，搭彩棚设祭台举办大礼弥撒，同时为迎接新主教的驾临，协同官方洋务局等举办了盛大仪式。中西神职人员坐轿车出迎于南门外，蓝衫白衣的修道生与年长的神父按圣礼在教堂迎接，三千信徒云集等候：

> ……教友音乐，则有二十三组……八月十五圣母升天大占礼日，主教即于令德堂大过厅中，举行大礼弥撒。同日大开喜宴，欢宴教友。修道生则唱庆祝歌，读庆祝词。汾阳主教陈类思，实为四品生，读辣丁文颂词。笔者为第一年级神学生，读华文颂词……（山西太原教区全体国籍司铎刊印敬献 1940：20-21）

凤朝瑞主教上任后，在被毁于教案的荒地之上重建新堂，于 1905 年建成举行降福新堂典礼。教务工作随之开展顺利，新建中西式教堂 67 座。1909 年底凤朝瑞退职，希贤继任主教。至 1916 年罗马教廷调任希贤至陕西管理教务，凤朝瑞复任山西北境教区主教。是年 11 月 14 日第二次上任的欢迎及就职场景，在教会一片复兴的氛围中隆重展开，民间音乐队、鼓乐队、唱经班热闹欢庆喧天而来，教堂内风琴大作，唱诗诵经声不绝于耳：

> 司铎二三十位，学校学生百有三十，乐人八班，信友无数，成群结队，争赴车站欢迎……一路音乐声、欢呼声，不绝耳鼓。及至城内大堂时，尚未鸣六下也。各处教友，立侍门首，人山人海。楼上钟声大作，外教人来观者，不计其数。有司铎一位，穿着礼服，修士等一律小白衣，音乐队及信友皆排列入堂。堂内光耀如白昼，凤公端跪圣台前，司铎修士及信友等唱谢主，和以风琴，洋洋悦耳。经声既息，公乃起立，由代权司铎，朗诵教宗谕旨，众皆俯首倾听。诵谕旨毕，遂登台行祝福礼，众复唱赞扬天主圣歌……（圣教杂志 1917 年 1 期：35-36）

自首位国籍主教之一陈国砥去世之后，1930 年刘俊卿继任汾阳教区主教，人们从教堂出发来到汽车站欢迎：

> ……一路音乐攸攸。鼓号洋洋……而渴望半载之刘大主教。乘本堂自用紫花汽车……进东门及堂门。均有铁炮二十一响……神父修士等亦均着小白衣。然后进堂。唱赞扬天主圣歌。和之以风琴。主教行降福礼后。旋即出堂……诘旦八点半。主教进堂。做大弥撒……五点半钟举行圣体降福礼。礼毕出堂。主教乃与各司铎驾修道院。参加文艺……而过耶稣君王瞻礼。其间有文艺之献技。有音乐之竞奏……（圣教杂志 1930 年 12 期：572-573）

匈牙利籍耶稣会士查宗夏 1935 年 1 月 31 日升职为河北大名教区宗座监牧主教，当地信徒为此庆贺：

> ……先由法中音乐团。迎导主教。及众位司铎入礼堂。鞭炮爆竹之声。鼓号奏乐之声。学生鼓掌欢呼之声。透达霄汉。主教入礼堂后。蒙学唱欢迎歌。法中致颂词。益大高初唱庆祝歌。念贺词。益大话剧社。表演保禄传教短剧……二十九日晨八时。大堂中举行大礼弥撒……（圣教杂志 1936 年 6 期：378-379）

●巡查莅临

1918 年刘文思在上海董家渡教堂被祝圣为直隶东南境副主教，此次大典之情形刊登于《圣教杂志》1918 年第三期。祝圣之后，刘氏从上海搭乘津浦列车北上前往直隶河北省，沿路巡查受欢迎之情形热烈非常。首站抵达东泊头镇（今河北泊头市）留信村教堂，全村信徒列队迎接，教堂钟声大鸣，沿路音乐大作，旗帜飘飘，全体跪拜受主教降福礼。二站抵达献县河城街镇陵上寺村，已有马匹多骑、空轿数乘和鼓吹队前迎，全村信徒叩首跪拜接受降福礼。第三站抵达献县张家庄总堂，本堂神父与警兵马队号队 10 余名以及本村马队 20 余名前来迎接，待主教登轿之后鸣炮 20 余下，一路旌旗彩棚牌坊连绵，音乐锣鼓喧天，爆竹大响。进入教堂门前，众神职齐声唱经，主教更衣后，再由音乐队拥护进入教堂，一路唱经声不绝于耳，入堂后全体唱"吾侪赞颂天主认为真主"（拉丁文歌名 Te Deum，译"感恩赞"等，笔者按），接念祝文，礼毕主教出堂与各界会面并接受贺礼。第四站抵达献县修院，全体修士唱欢迎歌，用拉丁文敬献贺词，表演满汉蒙回藏五民族献礼故事。第五站刘氏接见县长，后回教堂举行弥撒，隔日又奔赴天津会晤法领事。第六站刘氏赴河间参与庆祝，马队、音乐队鼓乐喧天沿路前导，进入教堂后，音乐队侍立两旁作乐助兴，后有宴席款待。第七站献县张家庄教会公学欢迎庆典，该校学生彩旗队与音乐队前导，入座后学生代 10 余位在风琴伴奏下齐声唱歌，庆典完毕后，音乐队奏乐欢送刘氏及全体。最后一站刘氏乘骡马车南巡辖区内各教堂。（圣教杂志 1918 年 4 期：177-180）次年刘氏莅临威县寺庄镇（今河北邢台威县寺庄乡）巡视，同样隆重的礼节再次上演：

> ……届期。文武乐器大作……下午一时。主教驾到……开轿后。枪炮连鸣开导。旗伞飘荡。乐鼓齐发。号旗学生。于轿前吹唱和平新歌。持枪学生。左右卫护。绅士乘车后随……街中预设更衣公馆。先由总铎萧公在馆恭候。主教由馆东门入。绅学音乐挚。在院整排。更衣时。燃放边炮。声闻遐迩。主教更衣毕。手特令牌。由会长四人。手举方伞随行。总铎披敞衣。信步而行由馆南门出。所有枪炮、旗伞、音乐、绅学等。均在前护卫。及堂、又燃放边炮。亲权毕。更衣回厅。学生复吹唱和平歌。举枪脱帽……（圣教杂志 1919 年 5 期：222-224）

●荣归故里

当神职人员在他乡学成荣归故里时，从资料记载的他乡送别和故里欢迎仪式可以看出其受重视程度。1919 年直隶东南传教区有新升司铎人士七位，新铎返乡时，亲属乡邻纷纷前来迎接，本地教堂神父和抱蜡烛的辅祭也一起前来，音乐锣鼓铙钹各色奏乐人随行。行至某村，十发三眼炮齐鸣，各班音乐队齐奏。新铎到教堂后，除行平常礼仪外，特别前往自己的新旧祖坟为亡者行打安所礼祈祷祝福：

> ……新铎进堂后。教友念谢主经。后新铎洒圣水。降福众人。又对众宣言。称谢众人欢迎之美意。后与刘铎。改披黑咖吧依次出堂。向新铎先祖之新坟茔进行。新铎先祖之旧坟茔……及行至新茔。入棚为先祖行排安所礼。但闻鞭炮声。音乐锣鼓铙钹声。洋洋盈耳……六月八日。为圣神降临大瞻礼。新铎举行大礼弥撒……众教友齐来拜瞻礼。鞭炮音乐……午后。新铎复行圣体降福礼……（圣教杂志 1919 年 8 期：369-372）

太原人士郝道宝于光绪 24 年就读内蒙古三道河三盛公堂修院，1920 年学成，在主教署总堂由蒙古葛主教祝圣为神父，择不日荣归梓里。三道河绅商各界、信徒神职等盛情恭送，民间音乐班、轿车马队、炮队锣鼓现身送行：

> ……由轿车马队音乐班鸣炮队，持旗前来恭迓。先由炮队鸣炮示众，俱向新铎行三鞠躬礼，鞭炮乒乓，络续不绝。新铎谦和步下，与众施礼，揖让而升轿……再鸣炮三响，音乐齐奏，铿锵盈耳，炮声喧天，锣鼓载道……次早郝铎恭行大礼弥撒……当时雷本堂清源身披袈巴弼助曹铎佐襄赞礼，彭铎弹琴，洋洋铿耳。穆铎启唱，声音和缓。众修士唱和合韵，诚令人神驰雀跃，又有音乐队轮班合奏……弥撒毕，民众俱来与新司铎见面恭贺，同行三鞠躬，并诵贺词歌唱庆咏，呈献仪物……（圣教杂志 1920 年 7 期：323）

1947 年 11 月隶属太原教区的田志康司铎由美返乡，次年 1 月 11 日太原总堂举办欢庆田氏还乡大会。田氏在主教大堂行大礼弥撒，太原修院西班牙籍教员华丽士司铎指挥大修生三音（声部）合唱。礼毕，军乐队前行导路，众人拥行田氏至公进会大厅开始庆祝，后设宴款待。（新光季刊 1948 年 1 期：21）

三、瞻礼庆日

1、各类瞻礼

"瞻礼"（Feria）一词，广义指信徒在教堂参加宗教仪式，"瞻"视"礼"仪，全年中凡举行弥撒之日均可称为"瞻礼"。狭义指礼仪年中耶稣、圣母及诸圣等的具体节庆纪念日。传统的瞻礼庆日分类繁杂，直至 20 世纪 60 年代梵二会议召开才予以彻底简化。

天主教有奉主保圣人的传统，教堂、教区乃至个人都有自己的主保，旧时教会主保瞻礼的庆日常有本地官员、教会学员及神职人员共同参与。1913年 7 月 25 日年逢山西平阳府总司铎的土保瞻礼庆日，教会学校师生及各界官员参礼庆贺：

> ……由公校教员商俊升君作歌一首其词曰，今日皆大称颂，包大总铎喜庆，凡属教民人等，理当同声歌咏，亚肋路亚，庆贺大光荣云云……两教员引学生……复行三鞠躬大礼，遂高唱歌咏，声音嘹亮，远达四方，各司铎齐声鼓掌称善。又取出留声风琴及八音琴等，更长迭和，上彻云霄……附近诸教友，均携带礼物，衣服楚楚，前来行三鞠躬礼毕，分列左右，奏乐庆贺……（圣教杂志 1913 年 9 期：346）

传统的瞻礼庆日虽纷繁复杂，但最重要的有四大瞻礼：耶稣复活瞻礼、圣神降临瞻礼、圣母升天瞻礼、耶稣诞生瞻礼。

《山西第一监狱举行弥撒圣祭记》记载 1947 年复活节第二副瞻礼日，太原天主教总堂神职人员和类思小修院修生一行为山西省第一监狱的狱友举行弥撒礼仪。圣歌和祭礼为服刑人员带来的平和氛围，却是监狱中少见之景。文中提及演奏风琴者华丽士司铎，为西班牙传教士，时任太原修院的外籍教员及音乐教师。

> [天皇后喜乐，亚肋路亚！]的歌声，随着耶稣复活节已降临于人间………送入山西第一监狱里去了……待我们到了，他们就开始诵早课经……举行五六品大礼弥撒，由类思小修院全体修生唱圣歌，华丽士司铎奏风琴。弥撒开始了，琴声柔柔的扬起，歌声婉转的唱着，这时三十余名囚者，跪在大礼堂的中央，热切的祈祷……神父唱福音的时候，我们听了这么一句：[望你们平安！是我，你们

不要害怕！] ……唱福音毕，由本堂葛司铎讲道理……弥撒毕，继
有新领洗的教友十余名，领受圣洗圣事……（新光季刊 1947 年 2
期：35-36）

8 月 15 日圣母升天瞻礼，因在农历 7 月，在内蒙古地区被信徒惯称 7 月
大瞻礼，巴彦淖尔市三盛公主教座堂的弥撒由主教主祭，又称主教大礼弥撒。
过瞻礼当日，周边省区及外旗的信徒纷纷到此，使二三里地之长成为自由贸
易市场，农副食品交易往来十分热闹，教堂也在此杀猪宰羊供应信徒吃饭：

> 人们穿着节日的盛装……来这里还愿念经，望弥撒，作祷告，
> 求主赐福。在未作弥撒之前，先举行请主教的仪式。有三个神甫，
> 八个修道士，拿着耶稣苦像，去请主教作弥撒。此时主教穿好了祭
> 衣，神甫修士亦穿着辅祭衣服迎出。顿时大铁礼炮四响，纸炮齐
> 鸣……有三至四十名女孩装圣母、扮天神、饰圣徒、演圣人，各仿
> 其主，各模其表，身着异服，路撒鲜花。随后就是三四十人的修道
> 院生，着兰袍、合双手……教友跟随后面，形若长龙，念经祈福。
> 此时鼓声喧天，锣镲齐鸣，吹拉弹唱……这支具有神人、教友、乐
> 师的队伍，以诚心的祝祷，热切的祈求，缓步入圣母堂。九点钟在
> 圣母堂的祭台上开始了以主教为主祭的大礼弥撒……人人面向祭
> 台，唱经念经……下午三点，开始了圣体降福，仪式举行完后，是
> 圣体游行，主教穿着祭圣的衣服，将圣体请上，长长的、整齐的、
> 有规矩的游行队伍，在鼓乐声中绕城一周……这种瞻礼大祭，至一
> 九四七年后，因主教府前往陕坝，再未举行。（磴口县文史资料 1989：
> 130-134）

耶稣圣诞瞻礼在传统与现代中都保留着最隆重的节庆地位，这是信徒一
年中最欢乐的时刻，藉着迎接圣婴降生的仪式，隆重的音乐和戏剧演出纷纷
登台，也预祝着新一年佳期的到来。1915 年山西潞安府天主教堂的耶稣圣诞
瞻礼，云台彩花、蜡烛鞭炮、音乐戏剧，十分热闹：

> 先期由公教进行会会员武德盛李晋祥等于堂院北偏高扎云台一
> 座，耸入空际，周围缀以彩花，鲜妍夺目。堂前复扎彩门一，系用
> 各色彩绸缀成十字花纹，中嵌灯匾一，文曰圣诞佳期，亦雅致可观。
> 及晚九时，公教进行会附设之正谊学校与读经小学学生，共百余人，
> 身穿常服，项裹花巾，手提彩灯，两两为伍，列队来堂，并沿途高

唱圣诞经词，抑扬婉转，颇中节奏，屦人听闻。迨抵堂院，乃演耶稣诞生，牧童朝拜真主故事，雅俗共赏，惟妙惟肖。未几夜半，均入圣堂，烛燃数千百头，耀如白昼，司铎致祭，修士赞礼，男女教友，与夫教外之观礼者，人数虽众，肃静无哗。惟闻钟声铃声，诵经声音乐声，声声悦耳，如游上界，可畏盛矣。（圣教杂志1916年3期：128）

2、圣体游行

圣体游行源于13世纪末的欧洲，隆重的游行礼旨在"公开地表明对圣体圣事的信德和敬爱"，"游行最好从一座圣堂走到另一座圣堂"。（赵一舟1998:209）。1907年罗马教廷特别倡导圣体游行礼，旧时中国天主教会积极响应。整个圣体游行有弥撒仪式、圣体游行、圣体降福礼等内容，自20世纪60年代梵二会议之后，隆重的圣体游行已较少举行。

1915年6月6日星期日，位于北京租界区的东交民巷天主教堂按惯例举办迎圣体典礼，这是一场中国近代时常上演的欧洲风情宗教仪式，虽有国人信徒参加，但整个过程由西乐队奏乐，语言操法文和拉丁文：

午后五时。由教友念公经后。即有西乐一班。登楼奏乐……迎圣体队遂由堂中整伍出发。先导以十字圣架。继德新学校学生。衣操衣前行。次本堂学生。又次男教友。又次女学生女教友。后外国男女教友及修士等。间以绣花大旗两面。后随外国幼孩二十余名。衣白衣。扮作天神模样。专司散花敬香执烛等事。其后由五品辅祭。左右挟扶主礼司铎。恭捧圣体前行。沿途唱经奏乐。其未列队之教友。皆肃静无哗。圣体经过时。无不跪地俯首致敬。及至祭台安供圣体后。先作西乐。继念信经天主经等。后由修女等唱法文歌。并由修士等唱辣丁经。恭领圣体降福。厥后转身迎回堂中仍依原来次序。排班而行。抵堂后。又恭领圣体降福而散……（圣教杂志1915年9期：406-407）

1919年6月23日河北邢台威县赵家庄举行基督圣体圣血节的圣体瞻礼游行庆典，教堂内唱经奏乐，司铎怀抱圣体光游行街礼：

前有五色等旗为导。继以洋号、鞭炮、锣鼓、铙钹。声震耳鼓。又次为音乐唱经队。男学生男教友等队……又次抱蜡辅祭撒花者。与诸位司铎等拥护圣体徐行。后有女学生女教友队为殿。歌咏相随……大街中设有祭台四座。每至一祭台。即行圣体降福礼。后归大堂。行大礼降福毕……又本月二十五日……教友齐赴堂中。请任铎至祖茔行摆安所礼……礼毕由会长导任铎入礼棚。大开筵宴。筵间音乐合奏。锣鼓齐鸣……（圣教杂志 1919 年 10 期：464-465）

1921 年河北献县张家庄主教座堂逢耶稣圣心瞻礼后，举行圣体游行礼，此次规模较大，共行四次降福礼，巡游礼毕回教堂之后，行明供圣体礼仪：

……刘牧身着大咖吧。恭捧圣体发光。居天棚下。五六品左右陪侍。四位修士手执天棚。挈提炉者四名。轮班献香。童子四名。轮次献花。众司铎前行。各着礼服。前为抱花蜡队八名。衣花色礼服。其前为本村信友。唱经队。公学音乐队。修生唱经队。公学学生队。又其前为洋鼓洋号队。行皆四人排列。唱经奏乐。更番迭和。节奏铿锵。堂楼钟声齐鸣。最前为大旗两面。及抱苦像者。徐步缓进。至尾随圣体之后者……诵念圣心串经……厅前院中槐树二行。以绳悬各色彩花彩旗。在此行初次降福礼……至北围墙门外。则有彩棚一座。中设祭台。亦华美异常。在此行第二次降福礼……再入一高大彩棚。此处系一枣林。装饰尤盛。乃行第三次降福礼。乃折回大堂正祭台。行第四次降福礼。并行奉献所属于耶稣圣心毕。便将圣体发光高置圣体宠上。明供圣体。轮流朝拜……洋鼓洋号队系由李琢璋君邀请县立高小学校学友而来者。圣体经过时。伊等亦偕同跪拜致敬……（圣教杂志 1921 年 7 期：321-322）

四、其他活动

1、朝圣

朝圣为天主教传统，世界各处朝圣地多不胜数，穷乡僻壤之处依然有信徒心仪的圣地。河北省内著名的朝圣地—献县教区露德庄封圣于 1901 年，每年 5 月第二个主日为朝圣日。仪式当日，全体一路咏唱圣母祷文及圣母歌曲，进入广场，并在圣母山参加主教主祭的大礼弥撒，礼毕举行圣体游行，导引众人朝拜圣体。信徒散去后，修生修女效仿法国著名朝圣地露德的烛光礼，在夜间手持蜡烛伴随着歌声游行。

山西省内各地的圣母堂，每逢 5 月、8 月圣母系列纪念日，至今保留有万人朝圣之胜景。为缓解天公无情的旱灾，信徒向圣母春季求雨、夏季谢雨，十里八乡浩浩荡荡，持旗诵经，口吟高唱，礼炮音乐无一不在。1935 年山西汾阳大旱，信徒纷纷前往田家庄圣母堂祈祷求雨，旱情缓解后，人们约定 8 月 15 日圣母升天节再次前往圣母堂，抬圣母像游行朝圣谢恩。这场田家庄圣母堂朝圣一景，犹如笔者今日实地眼见的朝圣大军盛况别无二分，不过旧时的土风乐音更为浓烈：

> ……男女麇集百五十人。由杨家庄鸣炮出发。国旗导于前。信经旗十二杆。罗列两旁。男女教友手执彩色小旗。上书圣母祷文。排队继之。次为贺家庄音乐队。次为杨家庄村。童子圣体军。而以二人共升之。花枝招展。锦绸彩饰之圣母牌楼为之殿。本堂范大司铎。衣小白衣。手捧经本。骑骡缓缓而随于后。一路恭诵玫瑰经文，高唱圣母祷文。经过南偏城。河后村。均鸣炮示敬。跋涉二十里之长途山路……田家庄……该村男女教友四十余人。迎于村外之南坡上。礼炮齐鸣。音乐迭奏。经声亦朗朗可听……爆竹既放。人亦入堂。先请圣像而安放祭台。高念伏求圣神降临圣诗。唱圣母祷文。赞扬天主圣歌。赞无原罪诗毕。神父降福众教友。然后出堂。由会内众人所献圣母钱款中，抽出一笔，安顿午餐……斯日……范铎唱弥撒。而以音乐和之……（圣教杂志 1935 年 12 期：761-762）

2、祈祷

祈祷是每位信徒的日常必修宗教课业，或为得平安或为神修进深或为某具体事务祈求等多种目的，特办的祈祷大会必定为特殊目的祈求。1915 年逢第一次世界大战期间，教宗特别宣布全球天主教会为之祈祷并纪念亡者，望此举能获得和平息战。教廷国务卿枢机大臣为此颁布规定欧洲各地的祈祷礼仪程序及内容，尤其是圣咏经文及歌唱的内容：

> 午前、弥撒后。显供圣体司铎升香后。众唱圣咏第五十章 Mierere mei,secundum magnam niisericordiam 天主因大仁慈矜怜我。又唱 Da pacem,Domine,in drebus nos■s,qma non est alius qui pugnel pio nobis nist tu,Deus noster. "主、今日赐以平安。除非汝、主、我等之天主、为我等战斗。则无他人为我等战鬭者矣。"继唱启应经文。

> 启 V. Fiat pax in virtute tua.因尔德能平安致成。

> 应 R　Et abundan■ia in turribus tuis 在汝敌楼内富裕充足。

司铎诵祝文 Oremus.Deus,a quo sancta desideria "天主凡诸圣愿正谋义行。"全日圣体显供……午后、未收显供圣体之前。公诵玫瑰经五端。后念教皇新撰之祈求战祸平息诵。（见后）诸圣列品祷文。悉照一千九百十三年罗玛新颁行之四十下钟圣时规例。又唱 Parce, Domine,parce populo tuo,ne m ★ternum irascaris nobis, "主宽宥宽宥尔民。勿永远忿怒我等。"又唱启应经文。（辣丁文司铎启众应）司铎末加平安祝文 Deus,a quo sancta desideria "天主凡诸圣愿正谋义行。"众唱 Tetum ergo 打东末哀尔鳌。圣体降福等礼……（圣教杂志1915年4期：154-156）

中国天主教会也积极响应号召，同年河北广平县张洞村信徒为一战生者献平安弥撒15台，为亡者献炼灵弥撒15台，并定于耶稣苦难主日为之祈祷行弥撒大礼。当日一早，信徒齐聚教堂，行忏悔告解圣事，颂唱圣体早课经和圣三光荣颂，举行大礼弥撒：

……领主者数百余。及后又明供圣体。按教皇意唱辣丁中文歌。毕。谢圣体。公与次台弥撒。是四方来观者甚众。男女公拜圣体。络绎不绝。每拜圣体。合唱耶稣圣心我依莱尔。尽甘耶稣圣心。圣心称为圣三宫诸歌式。（此次举动极形热切以系苦难主日音乐繁华等事一概禁阻）午后五句钟。鸣钟进大堂。诵圣母串经。求太平诵唱列品祷文圣体降福。唱巴尔塞刀米乃圣咏。当刀买尔高、娄大得刀米脑木、法文圣心歌。请下圣体。唱苦街相遇。（大意是求天主看耶稣死后圣母忧闷回府之痛苦早赐天下平安）礼毕。天暮。念晚课……明日为欧洲阵上死亡者做大弥撒……弥撒毕。拜安所谢圣体而散……（圣教杂志1915年5期:230-231）

1936年山西潞安教区民众陷于内战之苦人心惶惶，为此教区特举办三日显供圣体并恭迎圣体游行大会，为一方和平而祈祷。此举措显然起到了不错的效益，隆重庄严的仪仗、盛大空前的规模、遍布街坊的旗帜圣像、万声齐作的典礼令北舍村乡民羡艳万分，三日之内当即有1485人皈信：

……大会第三日午后，东西南北，四面集来，司铎信友，男女老幼，各倾其村，各携乐器……苦路经毕，起始圣体游行……如是历一时之久，鱼贯回堂，众唱吾侪赞颂天主，万众皆一音，声震九霄。唱毕旋于乐声，琴声，钟声，铃声，炮声中举行圣体降福。礼毕，散会……（圣教杂志1936年7期：441-442）

1938 年河北保定天主堂上演了一幕亲日的宗教仪式，即外国传教士和日本人共同在华北导演的一场"祈祷和平"大礼弥撒，由法国人主祭，司铎"在管风琴高奏莫扎特进行曲中步入祭坛，举行了宗教大节日弥撒仪式。"（河北文史资料选辑 1986：216）

1947 年创刊的《新光季刊》刊登几则山西太原教区的祈祷活动信息，一为太原市天主堂本堂司铎规定的公共祈祷时间，提供了平信徒日常宗教生活实录：

> 每主日瞻礼上午五时半举行第一台弥撒，六时由本堂司铎举行第二台弥撒，六时三刻举行第三台弥撒，九时三刻讲道理，后举行大礼弥撒，下午四时半讲要理问答，后有圣体降福，平日每日上午五时半举行第一台弥撒，六时由本堂司铎举行第二台弥撒，六时半举行第三台弥撒。每主日上午八时在天平巷致命真福小堂举行弥撒并讲道理，弥撒后，有圣体降福。首义门外天主堂平日每日上午八时举行弥撒，过主日瞻礼，上午八时讲道理，后举行弥撒，九时半举行第二台弥撒，下午五时有圣体降福。（熙）（新光季刊 1947 年创刊号：19）

1947 年《新光季刊》第 2 期，刊登太原市天主教总堂在耶稣升天节前三日为国共内战举行的祈祷大会。消息要求每日晨 6:45 始唱圣人祷文，然后出堂游行祈祷，最后做大礼弥撒。每日晚 4:30 起首明供圣体，公行祈祷，数小时后结束。而山西上党及旅并地区的信徒也联合在太原首义门外天主堂举行平安大礼弥撒，并显供圣体一日祈祷和平及地方安宁。不日又在大北门街天主堂举行大礼弥撒及显供圣体一日，隔日又举行追悼亡者大礼弥撒，文中特别提及"该教友等跪圣体时所诵经文，皆系潞安腔调，歌声朗朗，颇其热忱云。"（新光季刊 1947 年 2 期：47）

第三章　近代天主教音乐文化

旧时中国的天主教音乐文化比现在所见的更具民间特色，史料展示的不仅是中西文明的碰撞与融合，更是对过去的日子和自己传统文化的深入接触。通过点面叙事，那个时代文化维度的丰富性，真实拓宽了今人的思维猜想。

第一节　西洋音乐的繁荣

一、合唱音乐

合唱音乐源于教堂唱诗班（亦称唱经班、歌咏队等），最早的记载是蒙元时期孟高维诺在汗八里附近教堂建立的儿童唱诗班。1742 年左右，清朝宫廷音乐师德籍耶稣会士魏继晋与波西米亚耶稣会士鲁仲贤组织了 18 位年轻太监组成的合唱队学习音乐歌唱。蒋友仁神父（Michel Benoist）致嘉类思神父的信中（1770 年 8 月 26 日于北京）特别提到，他在北京北堂（今西什库天主堂）培养音乐督导，对唱诗班进行定期的音乐培训和教育乐师，此类圣乐教育的资料并不多见：

> 安德烈是我们教堂里培养起来的音乐督导之一。他对这门艺术拥有极高的理论和实践素养，因此用乐谱记下了某些祈祷文的节奏——这正是我们已有乐谱中缺少的东西。他每周（尤其在重大节日前的一段时间）都有一定日期召集乐师，训练他们演奏各自的乐章；他不仅要他们遵守音乐规则，还要他们带着对天主应有的礼仪和崇敬来演奏，因为他们的目的就是要为天主增光。虽然中国人总体上

说都喜欢音乐并有这方面的才干，但鉴于我们基督徒中多数人不可能得到过造就音乐人才所需的种种帮助，所以，已故的赵圣修神父生前曾挑选了三十来个年轻人组成了唱诗班，每天下午由一名熟练乐师给他们上课，经过两年训练，取得了超过我们希望的成绩。我们的唱诗班就是这样开始的。马安德烈曾是这个班的主要学生之一，他进步极快，不久就被认为足以取代因年老体衰而离开乐师岗位的老师了。马安德烈很快就证明，大家对他才干的高度评价并没有错。的确，他在很短时间内就培养出了出色的乐师，后者又培养了新的乐师，唱诗班于不知不觉间成了一个由受过良好教育的人们所组成的集体……（杜赫德 2005V：246-247）

合唱音乐虽源于天主教会，但在中国近代得到较广泛普及的四声部赞美诗以及巴洛克、古典时期的经典西方宗教合唱作品却主要归功于基督新教。大量史料文献显示，近代合唱团体更多的源自基督新教及其相关机构，如燕京大学的圣乐队和歌咏团、贝满和育英中学联合歌咏团、亚立斯堂圣乐队、青年会合唱团、北京灯市口教会圣乐队、北平联合圣乐演唱团、联合歌咏团等等。较知名的天主教合唱团有辅仁大学合唱团和国际公教联合歌咏团，其他有耶稣会哲学院歌咏团、方济各歌咏团、石门大修院歌咏团、佑贞女中歌咏团、圣母圣心会歌咏团以及盛新中小学、竞存女中、北平小修院等教会学校的歌咏团，以及各公司机关及社会部门的天主教机构合唱团等。笔者在网上找到一张 20 世纪 40 年代天津东亚公司公教信友协进会的唱诗班的老照片（@www.fotoe.com/image/10059939），按编制看是一支小型的混声合唱团，台下有一位钢琴伴奏者及翻谱者，无指挥，很可能排练或演出某首四声部宗教合唱作品。

1947 年圣诞节至次年初，北平天主教会连续举行数场大规模音乐会，引发教内外人士对圣乐的热潮，音乐会的主角是由中国、美国、法国、英国、荷兰、比利时等 12 个国家的天主教神父组成的国际公教联合歌咏团（或称公教司铎国际歌咏团）：

国际公教联合歌咏团为旅平中外司铎修士混合组成之音乐团体，拥有北平教会第一流之唱歌能手，共有一百数十人，分西班牙、荷兰、意大利、法国与加拿大、美国、佛来弥及中国歌曲，共在北京大学、朝阳学院、师范学院、辅仁大学、北京饭店及北平广播电

台合唱六次，博得全市市民之好评。行辕主任李宗仁、市长何思源
等均曾参加。三王来朝瞻礼日，辅仁大学之管弦乐队则在北堂演奏
Mozart 弥撒名曲，极为成功。又一月五日北平歌咏团第二次音乐会
亦在北京饭店由百余人合唱贝多芬作弥撒曲 Beethoven Mass in C，
有乐队伴奏，由国立艺专赵梅伯教授指挥，该团亦有不少公教团员。
（上智编译馆馆刊 1948 年 3 卷 2 期：98）

为继续这股热潮并普遍招待各界人士，该歌咏团于 1948 年 1 月 11 日晚
又一次在北京饭店大礼堂举行国际音乐会百人四声部大合唱，演唱世界名曲，
田耕莘枢机主教和时任北平市长何思源出席并致辞。（蜀铎月刊 1948 年 2 卷 3
期：20）

教会学校与教会机构的歌咏队或合唱团等也在各类仪式上献唱。如天津
《益世报》记载，1947 年 5 月 11 日，田耕莘主机主教抵达天津望海楼天主教
堂主持朝圣大礼弥撒，仪式上由贞淑、诚正联合歌咏团合唱亨德尔的"弥赛
亚"。（郭凤岐、陆行素 2001：1417）1948 年 5 月 8 日，天津市天主教会两位
主教提倡主办的圣母巡慰家庭盛礼仪式上，邀请了教会学校圣功女中公教歌
咏团和天主教青年会唱经班咏唱圣歌。（郭凤岐、陆行素 2001：1421）

所有的宗教合唱作品中，最受欢迎和演出次数最多的曲目当属亨德尔的
"弥赛亚"神曲，其次是莫扎特、贝多芬、海顿以及巴赫的作品，早期的欧
洲合唱作品难觅踪迹。

二、西式乐队

西式乐队有室内乐、军乐、管弦乐等，传入中国的西乐队较早之记载是
清康熙 38 年（1699），帝乘船与九名传教士南巡，听他们演奏西乐。同年 6
月 21 日，京中擅西乐之传教士由徐日昇神父带领入宫合奏，有吹笛 flute douce
者、弹风琴 clavecin 者、奏低音 viola 者、奏提琴者和吹 bassoon 者，这支小
型的室内乐队事先无排练而演奏并不协调，遭康熙帝斥退。但喜爱西乐的皇
帝再次命精通音乐的宫廷首席乐师徐日昇、能演奏低音七弦琴和海军军号的
天主教信徒 Gherardini、能调制多种乐器（如 clavecin、épinettes、timpanons）
并为帝王教授音乐亦擅长提琴和长笛的传教士南光国和会吹奏 flageolette、
flute 及海军军号的巴多明神父四人进宫跪地合奏演出。（方豪 2008:625-626）
乾隆朝时期，宫中音乐教师耶稣会士鲁仲贤辨认、调音及修理了前朝所藏的

西洋乐器大拉琴一件、小拉琴十件、长拉琴两件、琵琶一件、弦子六件、西洋箫大小八件、斑竹板三块、笙一件等，后宫廷又做得象牙笛四件、铁丝琴一件。继而鲁仲贤奉命与同是音乐教师的教士魏继晋教习小太监学习乐谱与乐器，并组建一支 14 人的小型西洋室内乐队，清宫还为每人还配备一套统一的演出服装。[1]至清末年间，西洋管弦乐队或军乐队已在宫廷和社会上流行起来，达官显贵的招待盛会上更为时兴。

民国天主教文献中，多有"鼓乐"、"鼓号"、"洋鼓洋号"、"军乐"、"西乐"等字眼。因民间音乐会中常有鼓，"鼓乐"一词不能断定为西乐队或民乐队，其余多指西洋军乐队。受西方文化的影响，欢迎仪式由西洋鼓号开道的场景在近代中国十分普遍，而民间乐队和西洋乐队夹道共庆的情形更是常见。鼓号齐备的军乐队在天主教堂、教会中小学、修道院以及相关的教会机构中较为多见。室内乐队及管弦乐队只有较大的机构团体或学校才有能力组建，如天津工商大学管弦乐队和北平辅仁大学管弦乐队等。京津大城市的军乐队常与基督新教团体组办演出音乐会等，如《益世报》载，1934 年天津基督教青年会举办的国际音乐会有英美意各国军乐队以及国内外知名音乐家演出；1935 年青年会再次组办的国际音乐会上，开场曲就是美国陆军 15 连军乐队演奏的进行曲、导乐、俄曲、曲选、杂曲等。（郭凤岐、陆行素 1999：915，2001：106）

近代较为著名的教会军乐队是上海土山湾乐队，北方各地均有教会军乐队，吹奏者多为年轻学生，每支队伍服装齐备，在欢迎欢庆或特别及重大仪式中演奏助兴。图片 3-1 是河北宣化圣心修道院的学生军乐队，该修院同时还有一支民间雅乐队。

1918 年 11 月 15 日，北京西什库北堂为庆祝第一次世界大战结束法国为战胜国，经驻华法公馆同意举行谢主大礼弥撒仪式，奏乐者是向北洋总统府借来的军乐队：

> 是日礼节为公众大祈祷。唱谢主经。林主教主礼。唱圣盎博罗削谢天主歌咏后。神品班及两修院修生。同声和之。响彻霄汉。音乐队为向总统府借者。所奏音乐。亦极尽其妙。及礼毕出堂时。奏琴者。奏法国国歌。下阶时。军乐队复奏法比二国国歌……（圣教杂志 1919 年 1 期：28）

---

1 详见杨乃济〈乾隆朝的宫廷西洋乐队〉，《紫禁城》1984 年 4 期，故宫博物院

影攝隊樂軍院修心聖化宣

（图片 3-1：《小军人月刊》1936 年 1 卷 8 期插图，国家图书馆缩微胶卷）

　　北京西什库北堂遣使会印书馆创建于 1864 年，由法籍神父梅士吉主持工作 54 年，在任期间他组建一支西乐队（军乐或管弦乐不详）。1918 年 3 月 14 日是梅氏来京 40 周年，西什库印书馆全体员工进教堂望弥撒，礼毕赠编于梅氏，一路音乐声喧，到达北堂门口时，由他所预备的西乐队奏乐和之。（圣教杂志 1918 年 5 期：221-222）1921 年 4 月 10 日，河北正定府天主教堂欢迎新任直隶西南部文副主教，学生军乐队与旗帜队迎宾于车站，当主教抵达时，学生鸣鼓吹金，前导后随。（圣教杂志 1921 年 6 期：274-275）1923 年农历 10 月 9 日，热河 15 县附近所有全体军队乐队，乘车迎接两位主教莅临，另有民间丝竹乐队夹道欢迎，当军乐大作时，爆竹喧天，各学校学生高唱欢迎歌迎接主教。修院 40 余名修生与教会学校全体学生衣冠齐备持洋鼓洋号等候，待主教临近，鞭炮、军乐、锣鼓与民间乐队齐奏震天。（圣教杂志 1923 年 6 期：270-273）1922 年 12 月 31 日天津教区文主教与刚恒毅主教在天津老西开天主教举行大礼弥撒，二人进堂式琴声唱经声大作，礼毕赶赴益世报馆，抵达门口时由聘请的天津警察厅军乐队奏乐，乐队成员知道刚氏为意大利人，特为之奏其国歌。（圣教杂志 1923 年 2 期：85-87）

1929 年 6 月初三，河北赵县教区欢迎新升监牧张若望司铎。欢迎团有中西司铎约有 20 余位、寄晋唐邱西乐队、唱经员、小营村西乐队及学生团、柏乡贾庄军乐队、乘马队、边村公堂音乐会等，主教进村时鸣炮奏乐，进入教堂时由音乐队前导。做弥撒时，有音乐队导引唱经奏乐等。（圣教杂志 1929 年 8 期：329-330）《益世报》1930 年 10 月 27 日载，宗座驻华代表刚恒毅主教离开天津，各方人士到站欢送，当主教进站时，军乐大奏，送行者脱帽致敬。（郭凤岐、陆行素 1999：1342）《益世报》1933 年 8 月 11 日载，当中华罗马朝圣团回国抵达天津时，公教进行会男女会员 200 余人身佩红花，手拿小旗，率乐队一班欢迎，待车入站，军乐大作，掌声如雷。团员乘汽车抵达北辰饭店礼堂后，先奏军乐后演说，讲毕再次奏乐。（郭凤岐、陆行素 1999：1345）1936 年 5 月 11 日，北平郊区宛平旧八区后桑峪天主堂附近的地方士绅敬献牌匾于教堂司铎，以谢战乱护庇之举，该村亦有洋鼓洋号军乐队，一路吹奏欢迎好不热闹。（圣教杂志 1936 年 7 期：444）1937 年 1 月 20 日，山西绛卅教区第一任监牧孔主教上任就职，各地信徒组队和修生队、学生队、军乐队以及民间雅乐队齐聚迎接，当主教汽车到达时，中西音乐齐奏。（圣教杂志 1937 年 4 期：251）

三、社会活动

相对音乐社会活动丰富而频繁的基督新教团体，京津的天主教会虽然较平静但也时常与其他机构联合活动。如《益世报》1935 年 3 月载天津基督教青年会联合天主教、佛教、伊斯兰教举办宗教生活运动大会，17 日演讲"回教之教义"并有市府乐队及电影助兴，23 日的开幕式有公安局乐队奏乐、犹太学校诗歌以及伦敦会青年诗歌等。（郭凤岐、陆行素 1999：1346，2001：1409）1947 年 4 月 5 日天津市第六届音乐节开场曲，全场肃立首听天津天主教文化协会合唱团合唱国歌，演出节目共计 11 个，有名歌 26 首、王绍光南胡与琵琶独奏，莫桂新男高音独唱等。（郭凤岐、陆行素 2001：1028）

为了更多地吸引普通民众入教，文化传教便成为当务之急。随着广播的普及，一些地区开始利用电台播放宗教音乐文艺等节目。1946 年 12 月 24 日太原市天主教会开办电台播音社，于每周日及周四晚 6:45-7:05，藉太原广播电台播送节目（周波 XKPB），有音乐歌唱、中文讲演、钢琴独奏等节目，本教区司铎修生担任主持。（新光季刊 1947 年创刊号：18）此举既吸引人了解西方文化，更是传播天主教义的绝佳手段。1947 年《上智编译馆馆刊》2 卷 6 期刊登姚耀思〈广播传教术与北平公教广播事业〉一文，说明利用广播节目的"公教时间"播送音乐有双重目的，一为吸引听众，二能藉美好的乐曲来说明天主教是艺术之母。他特别介绍为美国 NBC 联播和 ABC 联播策划音乐节目的美国全国公教男子协会的总干事 W.C.Smith 对广播音乐节目的观点：

> "我有确切的证明，即是音乐不但能慰安忧愁者的心怀，并且能使非公信徒对公教信仰的接受，作一种有益的帮助。在'信仰播音'一节中，我们播送风琴、竖琴、提琴与男四声合唱，所选歌曲，自巴哈至近代作家的都有。在'公教时间'中，我们介绍自古至今的诸种公教音乐。有许多事实足资证明，优美的高雅的音乐与使人动心的圣诗，同样可受美国群众的欢迎。但我们播送各地圣歌的歌唱，目的不是像开音乐会一般供人欣赏。真正的企图，是'软'化听众的心胸，为能接受下面演讲中所包含的真理。"（上智编译馆馆刊 1947 年 2 卷 6 期：441）

作者姚氏深知中国教会缺乏好的音乐节目，为此他提出自己的观点和解决办法：

> 据他讲。"额我略乐调"（Gregorian Chant 一般大礼弥撒中所唱的乐调），为公教广播节目是很适宜的。也许音乐节目一时不易找到，也许地方上没有这样人才。但也许附近有位神父能唱歌，也许附近某小修院可以作个合唱。也许有些教友经过一番训练可以唱"经"。起初成绩不一定太好，逐渐自然会进步的。倘若就这步都无法作到，至少还可以利用唱片的。（上智编译馆馆刊 1947 年 2 卷 6 期：442）

说明了音乐广播的优势和解决办法，接下来如何实际发展北平的天主教音乐广播？作者姚氏在介绍具体发展过程之前，提及了一段鲜为人知的音乐往事-山东潍县外侨集中营里的音乐会。第二次世界大战期间，为了报复美国限制日裔美国人的自由，日本将在华的英美等反法西斯国家的多至 2000 余名外国人囚禁在山东潍县的乐道院，史称潍县集中营，被囚的外侨多为基督新教与天主教的传教士、大学教师以及医生等。姚氏叙述了这段苦中作乐的往事：

山东潍县的一个集中营里，在本次大战中禁锢有一千八百多联合国的侨民。我们当时的生活不算太枯燥，因为每天我们自己筹划有垒球和篮球比赛、讨论会、戏剧、音乐会等。但星期日却是例外的单调，因为营中多数皆是新信徒，认为在星期日工作与游戏皆是不守神的诫命的。于是漫长的黄昏便无所事事。在营中的圣母圣心会士（数目在神父中占首位）想起来青年攻读时的习惯，便是再星期日傍晚群集合唱（也许是战歌，也许是悠美的家乡民歌），便每周在营中实行起来，结果各国籍的听众逐渐增加，往往很早就携带便椅，到集唱的院落里来占好地位，并且要求增唱他们的故乡歌曲。这种星期日的晚会产生了一个讽刺的乐剧"多尼"（Tony），那原是我以弗拉芒语所写，由方济各会士甘司铎（Rev. Kenneth Gansman O.F.M.）译为英语的。内容是个连续的故事，以集中营的喜乐哀痛形形色色为主题，特别描写大家对最后胜利的确信，演出的成绩非常成功，嗣后当神父们被移至北平时，曾经要求重演一次。（演出时间是七十五分钟，由八十位神父合唱，管弦乐队拥有一位主教、十七位神父、两位修士）。（上智编译馆馆刊 1947 年 2 卷 6 期：445）

抗日战争胜利后，北平成立了美国红十字会俱乐部为在京美军提供娱乐。因英语节目有限，在俱乐部供职者有曾经关押在潍县集中营之人士，希望集中营中那部具有历史意义的乐剧"多尼"能由原班人马在北平演出。两次成功演出之后，获得国立北平广播电台（XRRA）的节目负责人邀请，于 1946 年 1 月 4 日在北平广播电台演唱。藉此这些天主教人士又获得公教广播的约请，由于原有的合唱团人员-40 余位圣母圣心会神父已经回到内蒙古的传教区，歌咏团、音乐家和演讲人员的缺乏使这个广播节目几乎"白手起家"，四处邀请专业人士便是他们工作的主要内容，但同时也获得了北平多个天主教歌咏团体的支持。文中特别提及圣母圣心会士万广里神父（R.P.Dries Van Coillie C.I.C.M）是主要协助人，他担任报告员、演讲员以及独唱多重角色等：

北平的公教广播便如此开始了。经与北平电台的节目股股长多次谈论洽商的结果，规定了这个原则：每次广播包括十分钟的音乐，八分钟的中文演讲，八分钟的英文演讲，下余四分钟为报告员作介绍等用。当然这不是不能变通的，我们也可将其中某部分代以播音剧、朗诵晚祷等。音乐节目的准备较长，蜚名平市的辅大歌咏团，仅能作有限几次的演唱，于是计划组成一个平市司铎歌咏团，赖方济各会神父、圣言会士和若干华籍神父的协助，终于在多才多艺的高一志神父领导下（R.R.Jos.Graisy S.V.D.圣言会士）产生了这歌咏团，而解决了我们初步的困难。于是，我们开始了具体的筹备：约请专家演讲，联系宗教音乐，联络各报馆编辑为能预刊广播节目，为约请人士交涉代步车辆等。一切完了后，三十五年二月十七日（星期日）举行了第一次广播，包括这样的节目：一、音乐（叔伯特作品选：四人合唱）a."予何处可寻避栖之所"（进台诵）b."天主以彼奇能"（奉献诵）c."圣哉天主"（圣哉诵）；二、英文演讲"何以我们在此？"辅仁大学副校务长孙神父（R.P. Clemens Schapker）；三、音乐（四人合唱）"请同颂主"（Hasl Hasler 作曲）；四、中文演讲"今日知识分子人士公教的必要"辅仁大学训育主任伏开鹏神父；五、音乐（四人合唱）"主！尔其纳我！"（Sauermann 作曲）。从此将近两年来，我们的节目从未中断，虽然多次气候恶劣，交通工具的故障，演说歌唱者的临时意外等困难奇多，听众们却每次收到这熟悉的声音："现在开始公教时间"。在水准上虽不一定可及欧美，但还说得过去。起初最困难的几个月，完全依仗着司铎歌咏团，以及它的热心指导者高一志神父所指挥的辅仁大学歌咏团，同时赐助者，有一些为公教广播者组织的耶稣会哲学院歌咏团（冀兹陵神父指挥）、方济各歌咏团（金鑫神父指挥）、石门大修院歌咏团（常静轩神父指挥）、佑贞女中歌咏团（耶稣会李山甫神父指挥）、圣母圣心会歌咏团（袁华林神父指挥），其后热心参与合作的，恒友其他全体的歌咏团，如盛新中小学、竞存女中、北平小修院等。（上智编译馆馆刊 1947 年 2 卷 6 期：448-449）

十个月的公教广播之后，他们又获得与非宗教节目合作的机会。自 1946 年 12 月公教广播参与了各项社会文化演讲，每周上演一次非宗教类音乐节目，内容包罗万象：混声合唱、钢琴、竖笛独奏，以至五弦琴伴奏的民歌皆有。这些音乐及演讲节目，比诸欧美标准也无逊色……（上智编译馆馆刊 1947 年 2 卷 3 期：449）公教广播期间，几乎全北平所有发的天主教团体都参与协助，这是一次在华天主教会多国籍多修会之间的国际合作。

第二节 土洋合璧的弥撒音乐

一、民间"音乐会"的流行

天主教礼仪音乐的主体虽是神圣肃穆的格里高利圣咏，但中国普通信徒仍使用民众喜闻乐见的传统音乐来表达自己的情感。近代时期，南方的丝竹乐与北方的鼓吹乐八音会大量使用于教会活动、信徒红白喜事以及教堂弥撒仪式中，这种情形在今天仅保留于北方地区，南方的教会中民间音乐的使用已难寻踪迹。民国天主教期刊常出现与"西乐"、"洋鼓洋号"、"军乐"相对的"雅乐"、"音乐会"、"土乐"、"中乐"、"细乐"等字眼，这些民间乐队通过历史照片佐证以及笔者的田野考察得知多为华北地区的"音乐会"，教会人士通常称"圣教音乐会"。

这种民族乐队在近代时期广泛引用于北方天主教会的各类活动中，如欢迎仪式、宗教游行等。1915 年外籍神职入京巡视，抵达北京通州站时，贾家疃村（今北京通州贾后疃村）全体信徒手持小旗，"群奏土乐，大吹大擂，以示欢迎"。（圣教杂志 1916 年 1 期：29）1922 年热河 15 县区的中外神父欢迎主教莅临，附近所有全体军队乐队全部乘车迎接：

> 村中所雇细乐队。又弹丝吹竹。戛玉鸣金。以欢迎之。……而修院、圣心会。暨各校男女学生。亦在东岸恭候。俄闻军乐大作。爆竹喧天。学生高唱欢迎歌。盖接主教而来也……修院中四十余生。公校全体诸生。操衣操帽。洋鼓洋号。至村外静候……一时鞭炮声。军乐声。锣鼓声。及通乐会。天乐会。雅乐团。自乐班。等之洋鼓洋号声。并各校唱歌声。同时齐发。堂中鸣铁炮十余声……（圣教杂志 1923 年 6 期：270-273）

天津《益世报》载，1931 年 3 月 14 日天津文主教莅临静海，各界人士及信徒拥至城外迎接，有音乐会团体、警察及学生 400 余人，鼓号喧天地将主教送入教堂，随即众人进堂高声诵经祈祷。1933 年 9 月 29 日，各界人士为感谢天津蓟县第七区少林口天主堂的法国万神父对商民的帮助，由警察商团陪护送匾两方，万神父立即派人员以及音乐会学校的学生出村迎导。1948 年 5 月 14 至 15 日，天津天主教会举行恭迎圣母巡慰礼仪，当圣像移到益世报社后，若瑟学校和法汉学校的学生献花献蜡唱圣母歌，该报社雅乐队奏圣母乐章，公诵玫瑰经、晚课经等。（郭凤岐、陆行素 1999：1344，1345；2001:1421）

　　民间音乐会不仅服务于宗教事务，也是信徒民众娱乐的上选。1916 年前后，吉林省长春农安县合隆镇小八家子村教堂的胡司铎为本村信徒设立青年会一所，逢周日村民随意报名娱乐，来者自带箫笛胡琴吹拉歌唱，又有唱经队演唱拉丁经文以备弥撒降福之需。（圣教杂志 1916 年 10 期：473-474）

　　下文是一系列摄有民间音乐会乐队的天主教历史照片，这是上述文字描述的最佳佐证。通过这些资料可以得知，天主教会里流行的音乐也是老少皆宜民间大众喜爱的音乐形式。

（图片 3-2：20 世纪初期内蒙古鄂托克前旗城川苏木汉族学生音乐会）

　　图片 3-2 来源于内蒙古图书馆珍藏的一组百年前的玻璃底片，摄影者主要是比利时圣母圣心会传教士田清波，内蒙古卫视《蔚蓝的天空》栏目组为此制作了电视专题片"玻璃底片的秘密"[2]。这是 20 时期初期内蒙古鄂托克前旗城川苏木的一个汉族学生音乐会，很有可能是附近教会学校或某教堂的民乐队，乐器有鼓、扁鼓、三弦、小锣、小镲、大镲、云锣、笛子、笙、二胡、

　　2　因难以得到原片，图片 3-3 是该电视专题片的截频。

低胡等。笔者赴当地考察得知，这种乐队在近代内蒙古的天主教仪式和教会活动中经常使用，深受普通信徒的喜爱。照片展示的乐队形式在今日内蒙古教会已较少见，但与笔者在山西太原教区考察所见的如出一辙。

宣化圣心院雅乐队摄影

（图片 3-3：《小军人月刊》1936 年 1 卷 8 期插图，国家图书馆缩微胶卷）

与图片 3-3"宣化圣心修院雅乐队摄影"同时刊登的还有一支军乐队的照片（见本文第三章第一节"西式乐队"），这是河北宣化修道院圣体军团体的两支中西乐队。图片不太清晰，大致有二胡、三弦、笛子、笙、小镲等乐器。该雅乐队常与军乐队同时参与河北宣化教区及修院的宗教活动，如 1936 年《小军人月刊》1 卷 7 期刊登宣化圣心修院为庆祝双十节特为祖国献祭祈祷和平开庆祝会，当日大礼弥撒完毕后，在修院礼堂开会首先由本院军乐队与雅乐队奏乐助兴，会议结束下午表演爱国戏剧，由雅乐队奏乐助兴，晚上祈祷念经行圣体降福礼。1936 年《小军人月刊》1 卷 10 期刊登宣化教区举行庆祝国际圣体大会活动，第三日邀请雅乐队奏乐，第四日邀请军乐队奏乐等等。

（图片 3-4：音乐行进队伍—献县教区—20 世纪初，来源

http://hejian.5d6d.org/viewthread.php?tid=5479）

图片 3-4 是一张 20 世纪初期直隶献县教区某教堂的宗教仪式，音乐队行
进在先，仅能看清头排击鼓的男孩，第二排似是一个男孩在吹奏某乐器，后
面的队伍因拍摄角度被遮挡住，但可以肯定是一支民乐队。正走下台阶身穿
白衣的是辅祭队，随后走出教堂大门身着祭袍的是神父等人。这是一场游行
仪式，也许是大礼弥撒或大瞻礼前的游行。2010 年笔者在在河北献县教区任
丘地区某村教堂参加的圣诞节瞻礼游行仪式与照片中几乎完全一致，只不过
领头击鼓者不是孩童而是成人。

图片 3-5 名为“蔡宁主教在太原”。1935 年 6 余人 7 日，梵蒂冈第二任驻
华代表蔡宁主教来太原视察，他住了七天巡查各处，该照片摄于此期间。蔡
宁与太原教区神职人员及当地某村信徒在照片正中合影，夹道两旁是一支头
戴礼帽身穿长袍的民乐队，受持笙、笛子、管子、二胡、小镲等乐器正在奏
乐，这是欢迎贵宾的礼节。

蔡宁主教在太原

（图片 3-5：天主教山西省太原市主教座堂百周年特刊 2006：66）

太原总修院修士李毓文出国深造晋铎后返回举行家庆

（图片 3-6：天主教山西省太原市主教座堂百周年特刊 2006：121）

图片 3-6 名为"太原总修院修士李毓文出国深造晋铎后返回举行家庆"，无详细时间。《太原教区简史》简介李毓文神父：1936 年到罗马传信部大学留学，1941 年在罗马晋铎并继续深造，1946 年回国，后任太原教区明原、加辣两校校长一职。(秦格平 2008：45) 据此推算，此张照片应为 1946 年左右所摄。图中正中为李毓文及外中籍神职一干人等，两侧为民间乐班——音乐会，各持笙、管等乐器，数量及其他乐器种类因拍摄不全无法得知。

二、拉丁弥撒音乐的传统

传统拉丁弥撒礼与现代中文弥撒礼的差别，除了语言的差异和仪式的繁简之外，其关键体现是由"唱"弥撒→"做"弥撒的动词之变。此为教会（信徒）中文翻译的习惯用语，却道出传统与现代礼仪的关键差别所在。"吟"、"唱"、"念"拉丁弥撒的经文、歌咏与神圣内容搭配，突出其整体仪式的"近"音乐特性。现代中文弥撒礼中的"念经"，即源于其传统。

拉丁文是近代中国神父的绊脚石，传统仪式中吟唱拉丁文是重头戏，但苦于多年无通行中文译本，国人神职只能生生背诵不知其意的音译拉丁文。《致命王安德神父小传》记载，在义和团庚子教案中殉教的王神父拉丁文功课不好，但他勤奋努力"手披口吟"颂唱经文，后被祝圣司铎主持神职。1899年 12 月 8 日圣母无原罪瞻礼，王神父在太原主教座堂唱首祭大礼弥撒，同年圣诞节前两日，太原阳曲县长沟村的信徒就请他到村里过耶稣圣诞瞻礼。(山西太原教区全体国籍司铎刊印敬献 1940：68-69)

拉丁仪式种类繁杂冗长，更难为普通信徒能理解。一场华丽的祭礼完结，人们虽不知具体言语但早已熟知所有程序，神秘及崇拜之情油然而生。1941年出版的中文版《圣教礼仪撮要》是一本近代难得的中文版拉丁礼仪说明释义本，第 10 章"唱弥撒"详细记录了主祭与辅祭如何在"唱经弥撒"中唱念之细节：

> 注意：如主祭唱弥撒无五六品，最好一修士穿短白衣，在本位唱书信，唱后，并不亲手，新经则由主祭自唱，在弥撒毕，「以歹弥撒厄斯脱」Ite missa ost，也由主祭自唱。祭台上可点六支或四支蜜蜡。二辅祭穿短白衣，若有神职班，可先将圣爵等放在祭台上，弥撒经亦先揭好，领圣体后，圣传亦由神职班取下放在天神台上，故弥撒完主祭捧手回更衣所内。一、主祭：唱经弥撒，一如平常弥撒，

唱「基利厄，」Kyrie，「格老利亚，」Gloria「克来多，」credo，可坐，由侧边下台，由正面上台，凡大礼弥撒，五六品所唱者，由主祭一人唱之，凡大礼弥撒中，高声诵者，则不必唱，该小声诵之，「基利厄厄来以桑」Kyrie eleison 可在台中念，祝文亦如平常弥撒，惟头二等瞻礼，记念祝文，即主教所命祝文，均可不念。若有特别准许用香，提炉者，先行跪在书信边天神台边，在进台经前及奉献饼酒后，添香，用香，主祭向祭台用香时，与司仪二人，提祭帔下端，辅祭则搬去弥撒经，用香过随即放上，主祭用香毕，提炉者向主祭用香在念「蒙大各耳」Munda cor 前，提炉与持香船者，到主祭前添香，主祭到台右时，持提炉亦由平地到台右，向主祭用香，后念新经，念完口亲圣经，提炉向主祭用香，提炉在举扬圣体圣血时，照例向圣体举血用香。二、辅祭：唱经弥撒，若只一辅祭，则与平常无异……回答一总不唱的经，者唱「基利厄，厄肋以桑，」Kyrie eleison，「格老利亚，」Gloria……在「桑克都斯」Sanctus，时上手摇铃……（圣教礼仪撮要 1941：43-47）

一场完整而传统的拉丁文大礼唱经弥撒（high mass, choral mass）繁复冗长，下列仪式程序*记号为唱诗班部分，会众听不见的部分附有"秘密"二字。

话语的敬拜

*进台经（Introit）

*慈悲经（Kyrie eleison,九迭）

神父入场

神父预备圣礼（秘密）

祈愿

诗43《荣耀归于圣父》（Gloria patri）

诗124：8

认罪（Confiteor）与怜悯（Misereatur）

选自诗篇的短诗与应答的短歌

祈祷文

为圣坛上的香和焚香祝福

*荣耀经（Gloria in excelsis Deo）

问安与本主日的祈祷文

使徒书信，由辅祭唱，会众应答

*升阶经（Gradual，唱诗篇）

*续唱曲（Tract）或续咏（Sequence）

包括

祷告与预备福音书

问安、宣告福音书、并应答

朗读福音书（轻声读），并应答

唱福音书（点蜡烛和焚香，由执事唱，并应答）

（神父走到圣坛）

宣告

讲道前的祷告

读使徒书信和福音书（方言）

讲道（方言）

*尼西亚信经

请安与祷告

圣餐的敬拜

*奉献经（Offertory）：

主领圣餐的神父预备圣品

会众唱诗献上饼，并祷告

调水与酒，并祷告

献上酒，并祷告

祷告

为香炉、焚香、圣坛和神父祝福

主领的神父洗手，并念诗 25：6-12

《荣耀归于圣父》

（读经完毕后再唱）

奉献圣体，并祷告

　　祷告（秘密）

　　问安和*唱《抬头仰望》（Sursum corda）

　　为圣餐礼祷告

前言

　　*圣哉经（神父继续祷告）

　　恳求主接纳奉献

　　为教会代祷

　　纪念存活着

　　纪念圣徒，并经由圣徒代祷

　　第二次恳求主接纳奉献

　　第三次恳求主接纳奉献

　　圣餐开始，并唱*祝福经

　　纪念主的受死与奉献

　　再一次恳求主接纳奉献

　　纪念过世者

　　圣徒相通

　　三一颂

　主祷文

　问安

　*羔羊经（Agnus Dei）

神父们领圣体，并祷告

信徒领圣体

　*唱圣餐的诗歌（诗篇）

问安与领圣体后的祷告

问安、散会

为会众祝福

最后的福音书（约一 1-14），并应答

（赫士德 2002:204-207）

三、土洋合璧的弥撒音乐

　　在弥撒仪式的进行过程中奏"中乐"、"民乐"、"音乐会"等，是近代中式弥撒的一大特色，其并非某些乐曲的助兴，而是与弥撒仪式配套的音乐礼仪规程。乐队的吹奏的内容代替所念的经文俗称"吹经"，如诵念玫瑰经中天主经和圣母经的部分由乐队代替等，这种方式在当代天主教会中逐渐失传。

　　山西是意大利方济各会的传教区，不少意国宗教传统至今保留在山西教会，博俊古辣瞻礼便是方济各会教区堂口必过的一个大赦瞻礼。博俊古辣圣堂亦称天使之后大殿，坐落于意大利亚西西，每年 8 月 1-2 日信徒在此诵念指定经文便可获得全大赦。山西省内建有数座相仿意大利的博俊古辣圣母堂，逢年 8 月 2 日，有上万信徒前往阪泉山圣母堂等地朝圣，祈求获得全大赦（Portiuncula Indulgence）。1936 年《圣教杂志》记载了 1935 年 8 月山西忻县（现忻州）大宝沟圣母博俊古辣瞻礼庆典，详述乡土民乐队与拉丁弥撒礼仪配合的全景：

　　　　到了瞻礼消早。众教友念完了早课以后。音乐的人便把神父从屋里迎到堂中。神父进堂后。众教友念求为神父诵。念毕神父起立栏杆前讲道理。讲的道理大意是说博俊古辣瞻礼大赦的来历。得大赦的条件。并得大赦的益处。讲毕神父穿祭衣预备上台作弥撒。而教友唱定心祝文唱毕。神父上台时。音乐的人作乐。欢迎神父上台。及到神父画十字念弥撒经时。音乐不吹了。而唱弥撒的清利哀之声起来了。一台弥撒时工夫。不是神父唱。就是唱弥撒的唱。不然就是音乐的人作乐。几无空息之时。那当时在堂望弥撒的教友听见音乐及唱弥撒的音调。又文雅又和合。都是如同神游于天。闻天神作乐及唱歌一般。弥撒完了以后。众教友唱圣母祷文。预备圣体降福。降福完。音乐的人又把神父从堂内欢送回家去。到了众教友念完经以后。会长在堂门前安放一桌一椅。桌上排有鲜花一对。预备给神父拜瞻礼。诸事齐备。众人都到了以后。会长及音乐的人便到神父家请神父。给神父拜瞻礼。神父到了预备拜瞻礼的地点。落坐以后。会长喊礼。请众教友脱帽向神父行三鞠躬礼。拜瞻礼。礼毕。音乐的人及会长又把神父送回家去。到了半前晌时。邻村教外来看的男女很多。他们都欲看看教友如何念经。并听听音乐如何好听。所以午前晌时那堂院的人是拥挤的满满的。有几位来过瞻礼的传教先生。见教外男女来看的很多。便乘机站在堂门前高处给外教讲天主教的道理劝他们弃邪归正。敬季真主。入天主教。教外者听了都是啧啧称善。说天主教的道理真。到了午时神父用饭时。音乐的人又给神父作乐。各各日上饭。这一次作乐是欲得赏。神父用饭毕。便从屋里取出纸烟来赏给他们。以示犒劳。音乐的人得纸烟后便去会中吃

饭。饭后又在堂作乐赞美天主庆贺圣母。直至日落就算闭幕了。（圣

教杂志 1936 年 10 期：636）

文中细述乐队如何配合弥撒仪式进行吹奏，但没有注明曲目。2010 年 9 月，笔者采访太原教区西柳林和六合堂口的音乐会，老人们凭着记忆在七嘴八舌的争吵中逐渐勾勒出拉丁弥撒仪式中的音乐会曲目和程序（图表 3-1），曲调均来源于民间音乐，有些换成教会使用的名称：

拉丁弥撒程序	音乐会曲目
迎神父→	《小开门》、《圣母经》等
垂怜经 Kyrie 之后→	《丌首板》
垂怜经 Christe 之后→	《大开门》
垂怜经 Kyrie 之后→	《得胜鼓》
光荣颂之后→	《天主经》后半部
信经（中间跪时）→	《圣母经》后半部
神父献香→	《又圣母经》
信经 Santus 之后→	《得胜鼓》
神父成圣体→	《举扬圣体》
神父成圣血→	《举扬圣血》
领圣体前→	《又圣母经》后半段 《钦敬圣体仁爱经》后半段
送圣体→	《圣体诗》首章 《钦敬圣体仁爱经》后半段
神父下台→	《已完功夫》

（图表 3-1：土洋合璧的弥撒仪式音乐程序）

在这个程序中，迎送神父、弥撒献仪以及领主圣体血的环节，是教廷相关文献规定可以使用乐器的部分。其余奏乐曲目是替代会众念经部分，完全依循弥撒规程。相关这些曲目的内容将在后文中叙述。

第三节　教堂建筑与音乐

欧洲的天主教堂历经了拜占庭式、罗马式、哥特式、巴洛克式等经典艺

术风格，其建筑构造除了视觉审美的营造和力学工程学的创举之外，还特别具备声学音效。教堂乐器的配备、唱经楼的设计以及钟楼的构造无一不成为教堂整体视听效果的天国展示，教堂音乐的独特艺术审美均离不开其建筑构造的精心设计。

一、乐器

管风琴是教堂音乐的代表性乐器，但因其造价昂贵体积庞大，便携的古钢琴、脚踏风琴等键盘乐器往往成为异国教堂的首选，但在华传教士们仍然尽力自制或从欧洲购买小型、大型或立式等不同型号的管风琴。

1635 年的一部北京风土景物的方志中记载"天主堂在宣武门内城东隅……其国俗工奇器，若……天琴，铁丝弦，随所案，音调如谱。"（刘侗、于弈正 1982：153）。这里的大健琴和天琴都指的是古钢琴。1650 年，汤若望在京城建立了一座巴洛克式教堂即宣武门南堂，顺治帝御笔亲批"钦天崇道"匾额悬于堂前。可以想象这个耸立于低矮四合院中的稀罕洋建筑，一定会使当时的居民络绎不绝地前来参观。教堂中依然使用古钢琴，谈迁《北游录》有较详细的描述。（谈迁 1981：45）为配合欧式教堂的传统，新乐器管风琴也安装上了："据魏特(Alfons Vate)所著《汤若望传》(Johan Adam von Bell S.J.missioner in China)记载，新教堂有两座塔楼，其中一个装置了能奏中国曲调的自鸣钟，另一个则装置了管风琴。"（陶亚兵 1994：72）20 多年后的康熙年间，南怀仁神父（Ferdinand Verbiest）在他的"钟表术"一书中，提到了葡萄牙音乐家徐日升为南堂建造了当时罕见的欧式钟楼并安装了一座更大型的管风琴，因为已有的管风琴太小也不完善，原有的管风琴很可能就是汤若望时期安装的。这两大件洋玩意的出现，着实成为北京城的盛事，百姓几乎倾巢出动一睹为快，一时间京城宣武门区人潮涌动，络绎不绝。（徐三乐 2006：242－243）教堂钟楼的效果如此惊人，这让一心希望异信徒皈依的神父们欣喜不已，因此徐日升将要制造的新管风琴更让人翘首以待，南怀仁记载到这个新管风琴不负众望，完工后能演奏欧洲和中国的音乐。（徐三乐 2006:244）徐日升在一封信件中也谈到了自己制作的乐器音韵和谐、气势恢宏，演奏时盛况空前并惊动了朝廷，天子亲临现场，乐音缭绕共述太平。（徐三乐 2006:244-245）康熙年间尤侗赋诗《欧罗巴》描述南堂音乐：

　　　　三学相传有四科，历家今号小羲和。

　　　　音声万变都成字，试作耶稣十字歌。

　　　　天主堂开天籁齐，钟鸣琴响自高低。

　　　　阜成门外玫瑰发，杯酒还浇利泰西。（陶亚兵 1994：73）

　　乾隆年间的史学家、文学家赵翼在《檐曝杂记》中记载了南堂管风琴的构造，当他听到这种乐器的演奏时就惊叹连连，赋五言长诗《同北墅、漱田观西洋乐器》一首（诗文略），感慨这样奇妙的乐器竟然出自"蛮貊"。1765年（乾隆30年）朝鲜学者洪大容曾多次拜访南堂，他更为详细地描述了管风琴的发音原理：该琴有数十个音管安置在孔列中，运用风箱鼓风原理操纵滑板使音管发音，由手键盘弹奏（文中没有提到脚键盘），最粗的音管发出浑厚的低音，最细小的发音如笙管之声清丽。洪大容想听管风琴的演奏，被告知琴师生病，所以自己被允许简单地按了几下键盘。（黄时鉴 1998：427－428）

　　后来访京的两名朝鲜人金稼斋和李一庵对这件西洋乐器都有记载，他们都或多或少地介绍了它的形制及原理，其迥异于中国乐器的独特音效一直引发起人们浓厚的兴趣。此时的管风琴在南堂正弹颂着自己短暂的辉煌之乐，1775年南堂发生大火，徐日升所造之管风琴毁于此灾。1780年李氏朝鲜使节团访京，团员朴趾源在后来的《热河日记》中记述了自己极其渴望一睹管风琴的风采，却发现它已被毁而大失所望。随着政局的震荡起伏，南堂历经查封、后重修、再遭焚毁、到1904年的重建，这座北京最古老的天主教堂终于以今天人们所看见的面貌存留下来。

　　明清时期，北京除南堂外还有东、西北三大教堂。1655年（顺治12年），东堂（圣若瑟堂）建立，之后曾多次被毁、重建，至1904年重建的东堂为现存面貌。关于东堂乐器的情况，汤开建在《明清之际西洋音乐在中国内地传播考略》一文中提到，澳门人马玛诺曾任东堂的"管风琴吹奏家"，1688年南怀仁逝世时的送葬西乐队，疑是东堂的乐队。另外，余三乐提到东堂地处灯市口，是元宵节赏灯之处，在一首《帝京踏灯词》中提到了东堂的管风琴声"……天主堂前任往回，风琴夜不响高台。但听无数秧歌鼓，打入人家屋里来。"（余三乐 2006：341）1723年清政府禁教期间，意大利教士德理格建造了西堂，他精通音乐并擅制造乐器，西堂内有管风琴的可能性非常大。建疑乾隆年间赵怀玉的游天主堂诗中所提"楼头旋奏乐，仿佛八音调，转抟惟一手，吹嘘殊众窍"为西堂管风琴奏乐景况。1703年，康熙帝赏赐经费创建北堂，教堂宏伟华丽，会客厅内有"乐器"。(杜赫德编 2005 Ⅱ：2) 1888 年遵慈禧旨意北堂迁至西什库建新北堂，安装了一台法国产 Cavaillecoll 牌管风琴，最低音管长约 16.6 米，体形为北京最大、音质为最好的一座。法国传教士樊国梁(Pierre Marie Alphonse Favier) 在《燕京开教略》中记载了这台"巨琴"的风范。(陶亚兵 2001：122) 遣使会法籍北京主教罗亚立山(Alexandre Provost, 1849-1897) 是中国遣使会修道院的院长，他以其在音乐方面的热爱和才赋闻名，北京北堂和天津路易士教堂的管风琴就是他从法国引进的。(明晓燕、魏扬波 2007：47) 1965 年该琴以"研究"的名义被中央音乐学院移走，后废置并失散。北堂祭台另还有一台用于唱经班的 4 个拉栓的小型管风琴，后搬于南堂毁于文革时期。

民国时期北京各教堂的管风琴等乐器实难统计，据 1917 年《圣教杂志》转北京法文公教报刊文记载，北京西什库北堂内有 7 座小堂，大风琴 2 架，逢大瞻礼时教堂甚为拥挤，司铎修士举行弥撒，学生高唱经文。(圣教杂志 1917 第 5 期：216-222) 20 世纪 20 年代北京北堂法籍鲍神父，从法国买来四台管风琴，一台安装在南堂，其最低音管有 5 米多长，是北堂管风琴的一半大小，毁于 1966 年的文革中。一台安置在车公庄栅栏天主教堂(现市委党校)内，焚毁于日伪时期。一台安装于天津西开教堂，其最低音管长 5.3 米。当时天津工商学院合唱团与管弦乐队排练《弥赛亚》、《创世纪》等作品，这台管风琴便转到了该学院的教堂。(杨德英 2007@tjwh.gov.cn) 一台安置于河北宣化天主教堂内。北京东交民巷天主堂也安装有一台管风琴，其最低音管也是 5 米多长，毁于 1966 年文革时期。华北其他地区如山西太原，1947 年《新光季刊》第 2 期"太原市天主总堂略述"介绍教堂能容纳 6000 人左右，在主堂正中无染原罪圣母大主祭台的后面是主教神父以及修士们唱经祈祷的地方，里面有一架大型风琴，弹奏时声音洪亮。这架大型风琴毁于文革，经笔者了解核实为管风琴。

除了各类型号大小的管风琴外，脚踏风琴伴奏唱歌成为民国时期的教会学校、普通学校、中产阶级家庭以及社会文化场所重要的娱乐方式。当时的风琴多从国外进口，由于需求量过大，一些地区出现了私人开设的国产风琴生产厂家，如天津南门内大街贾氏的"山成玉风琴厂"。图片 3-8 是一位中国修女用脚踏风琴伴奏教一些孤女孩童学唱歌，后排还有一位拿着应是歌谱的修女。

（图片 3-7：修女教唱歌，来源
http://www.douban.com/photos/photo/179765107/#next_photo）

二、唱经楼

在传统的教堂设计中，唱经楼（亦称音乐楼）的位置多在教堂入口方向的二层，登楼之人可直面教堂主祭台并俯视堂内全景，这种设计科充分地使歌唱之声利用教堂拱顶或尖顶结构有效地传导至教堂的每个角落，造成极佳的回声音效和来自"天堂之声"的视听效果，从而更增添了歌唱在宗教仪式中的神圣地位。

明清时期，利玛窦在北京宣武门最早建造教堂的计划因条件有限，建成一个中式厅堂的两层楼房以便信徒做礼拜。规模虽小但按欧洲样式设计，"大厅长 70 尺，宽 35 尺，门楣、拱顶、花檐、柱顶盘悉按欧式，唱诗班席升上三级台阶"。（裴化行 1993:618）民国时期河北永平府（今秦皇岛市卢龙县）教区主教座堂内有东西两座唱经楼，逢大礼庆典时，两班人马对应和声唱诗气势恢宏。如，1932 年武主教入味增爵会（遣使会）50 年的金庆典礼：

> ……一部神学修生则赞祝之。又一部修生。与男公学全体。分
> 登西东二楼。担任唱经。由汪神父等导唱。汪公精于歌经。四音和
> 并。指挥得法。缓急高低。抑扬合拍。极为悦耳……（圣教杂志 1932
> 年 12 期：756）

太原天主堂的二楼唱经楼为传统教堂的建筑设计，是从人声发音考虑在音响和美观上达到的最佳位置。文革期间摧毁了教堂的所有物品，所幸保留其建筑结构，因此唱经楼至今仍在使用。此区域面积宽广，可容纳数百人，举行仪式是，各式乐队与唱经班齐聚于此颂歌奏乐。现今的河北宣化天主堂在原有样式上翻新修建，大堂正门上方的音乐楼仍然保留，但当年的那架从法国进口的管风琴已毁，如今专为唱经班唱经和管乐演奏设计的楼上配有一架双人压风、双层键盘管风琴。

新式的教堂建筑中已没有唱经楼，唱经班演唱时多在侧祭台位置附近。这反映出现代教会音乐观和实际音响的实际变化：音乐已经从神圣走向人间，格里高利圣咏已被近现代圣歌取代，空灵通透的直声发音已改为亲切通俗的流行唱法，不再需要来自"天堂"自上而下的天籁。这是梵二会议后天主教礼仪改革形成的趋势，天主高高在上的神圣之音成为了亲和民众牧养灵魂的人间之声，二楼唱经楼取缔的象征意义即在此。如今，除了保留至今的老教堂外，有唱经楼的教堂已不多见，它的使用程度则更低。一些乡村新建的小教堂会考虑留有唱经楼的位置，或是对传统样式的继承但极少用或不用，或是对唱经楼音响效果的留恋使用。

三、钟楼

钟楼是传统教堂的建筑设计，敲钟为通告信徒参加教堂活动。因其目的性明确，因此对钟的声响质量要求较高，需传达至三五里之外方可。大教堂的铜钟为齐边型，通常有多座，敲钟人会手脚并用同时操作几口大钟，敲击时不同声响代表各样含义。钟声缓急有哀乐之分，乡村地区还有午时念三钟经的三钟铃以及通告丧事的丧钟。

山西太原总堂的钟楼毁于文革期间，在老信徒的回忆中，其乐音缭绕传遍四方难以忘怀：

> 天主教太原教区主教座堂……系古罗马式，坐东向西，堂顶高
> 20 米，堂顶有南北相望的两座钟楼，南端的钟楼上有三口大铜钟，

钟的口径一米，钟楼前的圆窗内装有表轮，与铜钟相接，很准确的报时报刻，三个铜钟的音，分别是 do, re, mi, 刀，来，米，或写 1,2,3，报时敲 do，报刻敲 mi，一般不用 re，三口钟同时使用的时候，是在教会过瞻礼主日，提醒教友进堂，由专人操作。过去多年是由管理圣堂的武银海先生操作，右脚用铁丝或麻绳连接钟楼上的 do，左、右手拉着 re 和 Mi，操作起来是一种美妙动听而有节奏的音乐。现将回忆起的钟声写出几句，以歆读者：

瞻礼主日的钟声是快节奏，是喜乐的感觉：例
12321- │ 32321- │ 33231- │ 22321- │ 1123- │ 3321- │
332321- │ 222321- │ 33321- │ 2232321- │ 11231- │……

追思亡者瞻礼拉的较慢，教友们称"苦铃"：
3-2-3-1-- │ 2-2-3-2-1-- │ 3-3-2-3-1-- │
2-3-2-1-- │ 2-2-3-1-- │ 2-3-2-2-1-- │……

（李毓明、李毓章 2006:28）

落成于 1866 年 3 月 28 日哥特式建筑的献县教区耶稣圣心主教座堂呈十字形，面积为 1500 平方米，可容纳 2000 余人。其钟楼高 33 米共 3 层，悬有三口法国铸造的巨大铜钟，以轮敲击，每日清晨弥撒时鸣其一，遇行大礼时，则三钟齐鸣，声音可闻七八里。（李锡辉神父@xianxiancc.org）建于 1893 年西南蒙古教区哥特式风格的三盛公主教座堂高 10 米，可容纳 3000 余人。教堂钟楼约高 10 米，内有铜钟两口，击之声传十余里。（宝贵贞、宋长宏 2008：204）

如果经济条件允许，现今的教堂尽可能配置两至三座的铜钟，在新建教堂时也会考虑建造多达大中小三座不同的钟楼。例如，现河北宣化天主堂建有两座各有楼梯可供上下的钟塔，内置法国进口铜钟两口，为三度音程，其声能传至数十里之外。

教堂在中世纪村落中是权力和虔诚的象征，高耸的钟楼敲响时预示人们核心生活的开始。旧时的中国，教堂的钟声曾代表一方强行立足之异域文明的宣誓。如今的中国，钟楼在教堂的角色已逝去，更无技艺精湛的敲钟人，它正用自己的方式融合于本土文明之中。

第四章　近代天主教学校与音乐

　　近代中国，西方的教育办学力量主要是基督新教和天主教团体。由于办学重点的差异，天主教会初中等学校的数量远远超过新教，而高等教育的大学创办情况正好相反。新教大学约有十几所，而由于对中国持有保教权的法国教会的保守，在华天主教会只创办了三所大学：上海震旦大学、北平辅仁大学和天津工商大学。这些学校的数量都不算多，但其教学质量和师资水平非常之高，当代中国几乎每一所著名大学的背后都有旧时教会学校的身影。

第一节　北平辅仁大学

　　1927 年天主教北平辅仁大学正式开办，初设文科三系，后增设为文学院、理学院、教育学院以及女院，其教员来源有从各大学聘请的教授、留学归国的学者、社会上招收的学者以及西方天主教本笃会和圣言会派遣的理学院各系教授。担任音乐课的教员有邢锡礼司铎、卢华民司铎、高一志司铎、盖伐士司铎等，担任女院西洋文学、英文及音乐课的教授是圣神修女会的黎白修女。除了专职的音乐教员外，辅仁大学的很多教授精通音乐，如美术专科主任书画家傅雪斋又是一位古琴家，在 20 世纪 40 年组织过古琴会，建国后曾担任北京古琴研究会会长以及民族音乐研究所特约研究员。学生中也有很多精通音乐之人，如后来成为指挥家的李德伦曾就读于辅仁大学历史系并积极参与学校管乐队的排练演出。1952 年辅仁大学与北京师范大学合并，宣告创办 25 年的天主教辅仁大学在大陆的历史结束。

一、音乐活动

建校初期，国剧社和话剧社等文艺团体首先成立起来。国剧社（京剧社）的活动非常活跃，不仅邀请名角排练指导，还多次举行公演。1940 年在校礼堂出演全本《捉放曹》，开场音乐由美国大使馆乐队演奏交响乐。除了演剧之外，学生还自发出演了舞剧《和平鸽》，全剧音乐有该校毕业生陈伯南担任钢琴伴奏。

较早的时候曾成立有人数不多的爵士音乐"黑人乐团"。20 世纪 30 年代，辅仁大学的各学科均陆续组织起自己的学会，校园音乐活动兴于此时，当时组建有（国）民乐队、管乐队、弦乐队、钢琴队、歌咏队等。大学部歌咏队先后由卢华民司铎和高一志司铎指导，队员是学校的男性信徒，演出曲目多为宗教圣歌，大型演出时人员多达百人，由学校乐队担任伴奏。管乐队 1937 年组建，由德籍司铎盖伐士指导，排练精进后常在本校与燕京大学等地的各类节目、晚会、仪式、运动会以及宗教活动中演出。提琴班发展出来的弦乐队成立于管乐队之后，规模不大。钢琴队由校外老师和女院修女指导，老志诚曾任教。在此基础上，1939 年学校成立了交响管弦乐队，由盖伐士司铎指导。（国）民乐队由信徒学生组成，1940 年在学校迎新会上首演，古琴家管平湖曾参与 1941 年的民乐队募捐晚会演出。1941 年的募捐"宿舍夜"文艺晚会，开场由歌咏队合唱施特劳斯的《蓝色多瑙河》以及莫扎特、舒伯特的歌曲。学员还在 1940 年成立了播放唱片音乐会的辅仁协声社，由盖伐士担任指导，李德伦任解说编译。学校二院还有数间练琴室，各系擅乐器之学生在此练习合奏。每年学校举办各种节庆的舞会上，由一些擅乐器的学生热心组成一个钢琴、小号、横笛、贝司、架子鼓的小乐队为师生伴舞。1947 年之后，辅仁大学开始发展革命文艺活动，相关的团体如军乐队、诗社、剧团、舞蹈社、红星合唱团等纷纷成立，学生多出演《兄妹开荒》、《生产大合唱》等节目。

下为一些具体的相关史料：中国公教进行会青年部全国指导会出版的《磐石杂志》刊载，辅仁大学成立有公教青年会，逢年圣诞节即在校大礼堂举行庆祝仪式。1935 年的圣诞节活动有公教青年会的会员唱经诵诗，特邀美军军乐队演奏，教职人员共千余人参加活动。学校校友会还在元旦之夜举办新年同乐大会，节目如下：

一、主席至开会词

二、国乐合奏

三、西乐——路爱洛、杜孟二教授合奏、

四、国术——耿运隆

五、凤阳歌——张学渊

六、二胡独奏——邵晓琴

七、趣剧（擦镜子）——李鸣远、佟仲宽合演

八、毽子——金幼甲、溥子衡、林先生合作

九、口琴独奏——潘传恒

十、新剧（咖啡店之一夜）——校友公演

十一、旧剧：甲、坐宫——凌昂、王丕焕；

　　　　　乙、芦花荡——李宝勋；

　　　　　丙、六月雪（代法场）——李松声；

　　　琴师由教育系学生晏华充任……

（磐石杂志 1935 年 3 卷 2 期：103）

　　歌咏团和管弦乐队参与的部分演出有：[1] 1943 年 12 月 22 日在辅仁大学礼堂，由 Fu Jen University Chorus（辅仁大学歌咏队）演出亨德尔的"Messiah Concert"（弥赛亚神曲音乐会），老志诚和陈国桢担任伴奏，圣言会士高一志神父（Rev. Jos.Graisy）指挥。1945 年 11 月 24 日在北京饭店、1947 年 5 月 24 日至 25 日在辅仁大学礼堂，由 Fu Jen University Chorus And Orchestra（辅仁大学歌咏队和管弦乐队）演出海顿的 "The Creation"（创造曲/创世纪），高一志神父指挥。1947 年 5 月 30 日在辅仁大学女部礼堂，上演 "古典音乐会"，曲目有巴赫的马太受难乐选段、莫扎特的安魂曲选段。1947 年三王来朝瞻礼日（1 月 6 日主显节），辅仁大学管弦乐队在北堂上演莫扎特的弥撒曲。1947 年 11 月 22 日在辅仁大学礼堂上演莫扎特音乐会，曲目有莫扎特的加冕弥撒曲，高一志神父任指挥。1948 年 4 月 10 日在辅仁大学大礼堂，由辅仁大学哲学院合唱团上演江文也新作圣咏音乐会，指挥 Father.J.Ghyselinck.S.J.。1948 年 5 月参加北大民主广场千人 "黄河大合唱" 晚会。1948 年 6 月 6 日在辅仁大学大礼堂，由 Fu Jen University Chorus And Orchestra（辅仁大学歌咏队和管弦乐队）上演海顿音乐会演奏会，曲目有 "The heaven are telling"（Choir and Terzet）、

1　以下相关资料大部分源于姚思源珍藏的 20 世纪 30 至 50 年代的 140 余份音乐会节目单，附录于侍莹莹硕士论文《北京 20 世纪 40 年代合唱音乐发展研究》节目单细目表 p54-61。

"Now vanish before the holy"（Tenor and Choir）、"Achieved is the glorious work"（choir）、"Sing the Lord ye voices all"（choir and terzet）等，指挥高一志神父。1949 年 7 月 4 日在国民大戏院上演辅仁合唱团音乐演奏会，曲目有马思聪指挥的个人作品"祖国大合唱"、刘俊峰指挥的张寒晖作品"拉石头"和李鹰航作品"中共颂"、李焕之指挥的个人作品"胜利进军"、刘恒之指挥的个人作品"工人阶级前进"等，老志诚担任钢琴伴奏。

至 20 世纪 80 年代之后，辅仁大学校友会继承传统每年组织校友返校节，两岸及海外校友在原辅仁大学举办联谊活动等。1984 年 10 月辅仁大学校友会筹备委员会，在北京举办了庆祝辅仁大学校友会成立文艺晚会。演出单位有中央民族歌舞团、中国音乐学院、中央乐团、中央歌剧院等。晚会分为声乐、器乐和舞蹈三部分，有中外歌曲独唱重唱、民乐西乐演奏以及民族舞表演等。

二、宗教音乐

辅仁大学由美国天主教本笃会创办，美德两国圣言会接办，其办学方阵遵循民国政府的相关法令将教育与宗教分开。虽然教员和学生有很多是天主教信徒，但学校却没有专门另建的教堂和单独的宗教课程，其宗教氛围淡弱而学术气息浓厚。校园生活多姿多彩，课外活动十分丰富，学生没有思想和信仰上的压力，因此接触宗教音乐的机会，就以歌咏队练习宗教合唱作品为主，另外在学校的节日活动和教堂仪式中也可以聆听或参与宗教歌咏。

学校校址原为涛贝勒府，府内家祠由本笃会会士布兰兹台特在原样基础上设计成一个中国风格的教堂。1938 年在恭王府女院一角成立独立自办的神职学府—司铎书院，专门培养青年神职司铎，校内也有一个内部为中式风格的小教堂，该院于 1941 年并入辅仁大学。这些教堂为辅仁大学的天主教神职及信徒们提供日常的宗教活动，笔者获得两本相关的教堂音乐资料，一为《北平辅仁大学—圣体降福经文》，一为盖有辅仁本堂办公室印章的《圣歌汇集》。

《北平辅仁大学——圣体降福经文》无出版时间，封皮印有"请勿携圣堂外"。圣体降福礼是朝拜圣体的一种仪式，教会通常在主日弥撒结束之后以及其他的时间举行该仪式。通常包括明供圣体、朝拜圣体及圣体降福等程序，仪式中需要诵唱相关的经文和圣歌。该书内容为圣体降福礼经文与圣歌的礼仪书本，为中文白话本和简谱谱式，在前的经文部分包括：神领圣体诵、主日第一格式（向天主圣父诵、向天主圣子诵、天主圣三祝文、向天主圣三诵）、第二格式（奉献家族、求保护圣教会、人生途径）、瞻礼二第一格式（圣歌恳求圣神降临、求圣神祝文、七祈求、向圣神诵）、第二格式（圣神玫瑰经、奉献天主圣神诵）、瞻礼五第一格式（朝拜圣体、向圣母诵）、第二格式（向耶稣圣心赎罪诵）、瞻礼七（圣母祷文奉献中国与圣母诵）、第二格式（求托圣母经、求圣母转求加恩经）、附注经文（耶稣圣心祷文后经、耶稣圣名祷文后经、圣若瑟祷文后经、献心诵奉献于耶稣圣心祝文、向耶稣普世总王诵、向圣若瑟诵）。在后的圣歌部分包括：圣母赞颂天主歌、圣咏第 22、圣咏第 50、圣咏第 62、圣咏第 99、圣咏第 148。书中专门提及经文中的圣歌“恳求圣神降临”需参看《圣歌汇集》，其余的旋律用简谱印制，但可能因版式问题没有标明高低音符的上下标点，吟唱出来有误。这些圣歌为传统的拉丁格里高利圣咏，如“圣母赞颂天主歌”（谱例 4-1，高音附点为笔者修订）第一行的旋律括号内标记（8 G Solemn），意为法国索莱姆版本的格里高利圣咏（见谱例 4-2），第八调式，主音 G “sol”：

（谱例左 4-1：辅仁大学《圣体降福经文》：“圣母赞颂天主歌”）
（谱例右 4-2：“圣母赞颂天主歌”拉丁文四线谱原版，来源@chabanelpsalms.org/
CHABANEL_PSALM_TOME/4693_magnificat_8.jpg）

辅仁大学教堂使用的《圣歌汇集》为 1935 年二版，由山东兖州府天主堂书馆印行。前言说明·版在 1934 年底已经售罄，原采用古经字拼音（拉丁文音译汉字，笔者注），在二版时裁去，但并不因此提倡“华文拉丁化”，况且书价也减去三分之二。本书编纂选辑参考其他三本圣歌集：献县教区的《圣教歌选》(x 标志)、济南教区的《请众颂主》(Ⅱ标志)和青岛教区的《圣歌摘要》(+标志)。全书按节期、类别等分为降临节歌、圣诞节歌、封斋节歌、复活节歌、圣神降临歌、圣体歌(圣体降福歌、圣体瞻礼歌、领圣体前后歌)、圣心歌、圣母歌、天神和诸圣歌、炼灵歌、普通歌、弥撒歌(共十集)、祷文、圣母对经等 14 大类 248 首圣歌。乐谱采用五线谱式，歌词是文言文和白话文以及部分拉丁文谐音汉字。

第二节 天津工商大学

一、音乐活动

　　天津工商大学是法国耶稣会与 1921 年创办的天主教大学，其教会学校的历史经历了天津工商大学、天津工商学院、津沽大学三个阶段，建国后撤销合并，至 1960 年更名为河北大学。学校在创办之初便先后创建了附属高初中，建国后更名天津实验中学。

　　近代天津的西洋音乐发展兴盛，基督新教和天主教会团体、学校以及社会各界积极互动参与各类音乐活动。20 世纪 30 年代初，王勋章创办的天津"中华口琴会"在天津工商学院附中、基督教青年会以及各中学开展活动，吸收了很多大、中学生，工商学院附中先后正式成立初高级口琴班。该音乐组织在全国及南洋都有分会，排演中外各类乐曲以及京剧片段，是当时音乐水平最高的口琴组织。除口琴会外，工商学院附中还成立有国剧社、昆曲社、管弦乐队等等。管弦乐队由张肖虎指导，他本人就是该校的校友。音乐教育家、作曲指挥理论家张肖虎曾就读于天津工商大学预科，后来在清华大学期间开始了他的音乐家生涯，曾任清华大学西乐部的导师。1941 年 27 岁的张肖虎被天津工商学院聘为音乐教授，其指挥才能被誉为"天津音乐之雄"，指导管弦乐队、歌咏团和口琴队，时常举办音乐会，教授钢琴及作曲。乐队的另一位音乐指导是陈子诚，他曾是清朝皇室西洋乐队的指导，光绪年间由慈禧太后下令成立西洋乐队时被选入宫，在宫中随德国老师学习多年音乐，管弦乐器无一不会，曾多次在国家庆典及重要场合中演奏，陈子曾在天津期间被张伯苓聘请为南开中学军乐队的指导。附中校友还有一位后来成为音乐家沈湘，声乐艺术家沈湘曾就读于天津工商学院附中并在南开中学歌咏团担任男高音，在校时就获得歌王之雅号，1939 年沈湘在天津基督教青年会举办的全市歌唱比赛中夺冠，后成为中国著名的歌唱家和声乐教育家。

天津工商大学本科部的音乐活动也十分活跃。大学于 1936 年正式成立游艺委员会，有音乐部、戏剧部和游艺部。专门的学生文娱团体有国（京）剧社、话剧社、杂技会、口琴会、昆曲社、歌咏组、管弦乐队等。1941 年 8 月工商大学管弦乐队在天津公演的莫扎特作品音乐会轰动全市，自此学校的音乐氛围愈发浓厚，管弦乐队教授张肖虎计划每月举行一次学生音乐会，作音乐欣赏讲座一次，用留声机唱片播放西方各时期流派的乐曲加以讲解，非常受学生欢迎。当年 8 月 2 日由校乐队成员周乃森主办的青年会暑期音乐会中，工商乐队被邀参加，表演了小提琴独奏、室内乐三重奏等节目。

二、莫扎特音乐会

1941 年音乐家张肖虎建立了以天津工商学院为主，同时兼收社会爱乐青年的工商学院管弦乐队，张任指挥及正指导，陈子诚任副指导。乐队有 40 多名成员：小提琴 22 名，中提琴 2 名，大提琴 3 名，低音提琴 1 名，长笛 2 名，单簧管 4 名，小号 2 名，圆号 2 名，长号 3 名，中音号 1 名，大号 1 名，鼓类打击乐器 3 名。队员有正副两种，正队员是有过音乐训练者可以参加乐队合奏，副队员是初学乐器者，他们定期上课练习乐器。正队员每星期两次练习，陈子诚负责安排另外的一对一课程。乐队的乐器借自张伯苓创办的南开中学军乐队，因管乐队尚未准备成熟，经过一段时间努力，弦乐队首先在天津市举办的梵蒂冈第二任驻华代表蔡宁主教的欢迎会上演奏莫扎特小夜曲。队员们对管弦乐队偷取极大的热情，除了每周有三次排练外，每天上下午各个队员会分别到校学习乐器，张陈二位指导异常繁忙。由于如此的努力，时逢莫扎特逝世 150 周年，在管弦乐队组建四个多月后，为灾民和本校贫困生举办了"工商学院管弦乐队主办莫扎尔特作品慈善音乐会"，分别于 8 月 30 日上午 10 点半在大光明影院、9 月 1 日晚 9 点半在英文学堂开演。演出获得成功，一时轰动天津全市。

天津工商大学工商生活委员会创办的《工商生活》1941 年 8 月 28 日第 3 期"莫扎尔特音乐会专刊"详细记录了这场音乐会的前因后果。全刊撰文如下：写在音乐专号以前、工商管弦乐队及莫扎尔特音乐会之介绍、莫扎尔特传、莫扎尔特的恋爱史、两个朋友（莫扎尔特与海登）、供献给听工商管弦乐莫扎尔特音乐会的士女们、命运多舛的伟大音乐家、管弦乐的欣赏。该刊封二刊有四张莫扎特的画像：莫扎尔特的家庭、莫扎尔特的生地、幼年时期的莫扎尔特、莫扎尔特的画像。管弦乐队演出的音乐会曲目如下：

1. 塞锐戈利欧歌剧之序曲 Overture from "The Seraglio"（管弦乐队）

2. A 长调模范曲 Piano Sonata in A

3. a. D 长调竞奏曲之第一乐章 Allegro From "Violin concerto in D"

   b. 降 B 调模范曲之第二乐章 Andante From Sonata in Bb for Piano and Violin

   提琴：方道尧先生   钢琴：刘金定女士

4. a. 紫罗兰（The Violet）

   b. 摇篮曲（Cradle Song）

   c. 歌剧唐其欧丸尼之歌（Don Giovani Ⅱ Mio tesoro intanto）

   独唱沈湘先生

5. 三重奏(第二曲)之第一乐章 Allegro From Piano Trio no 2 in D

   钢琴：刘金定女士 提琴：郭道经先生 大提琴：刘光汉先生

6. 夜乐 Serenade in 4 Movements

   a. Allegro

   b. Romanzea（Andante）

   c. Rondo（Allegro） 弦乐队

7. 周比特交响乐 Jhpiter Symphony

   a. Allegro Vivace

   b. Andante Cantabille

   c. Minuet

   d. Finale-Allegro Molto 管弦乐队

音乐会还有沈湘的独唱：艺术歌曲《紫罗兰》、歌剧《费加罗的婚礼》和《魔笛》中的选段。该刊还介绍了音乐会的主要演奏成员，如在音乐会中担任模范曲钢琴独奏的李菊红女士也是青年会歌咏团的伴奏；本校工三学生及乐队干事方道尧担任小提琴独奏，燕京大学音乐系毕业的刘定金女士擅奏钢琴，曾在天津市举办过独奏音乐会，现任中西女校音乐教师，此次音乐会中表演室内乐三重奏以及独唱独奏的伴奏乐队队长郭道经任小提琴手，同时擅长口琴并创办了本校的口琴队,此次音乐会中表演室内乐三重奏。本校校友刘光汉先生任大提琴手,并擅小提琴、口琴及其他乐器等,此次表演三重奏。

此后,该乐队继续排练难度加大的交响乐作品,如海顿《惊愕》、贝多芬《第五交响曲》、比才《卡门组曲》、李斯特《狂想曲》等。乐队自 1941 年建队到 1946 年共演出数十场,1947 年改称"交响乐团",并应邀至北平辅仁大学公演 3 场募捐音乐会。解放后该队仍积极参与社会活动,还培养了不少当代的专业演奏家和音乐教育家。

第三节 修道院与教会中小学

教会学校是培养神职人员的基地,也是宗教文化的摇篮。天主教会的教育体系自中小学的教会学校至中级的神职小修院至高级的神职大修院,具有严密的等级制度和严格的学习纪律及较全备的文化学习。中级的小(初)修院是专门的神职学校,为小修生升进大修院做预备。教会中小学与普通公私立学校相比,最大的区别在于其浓厚的宗教氛围,逢遇宗教节日全校师生共庆,举办游艺会、文艺演出等节目,其音乐课程的培养也完全采用近代西式教育。

一、修道院

修道院内有歌咏唱经之地,为神职们祈祷静修。1893 年 12 月 8 日成立于太原洞儿沟的圣方济各会小修院内,有一座教堂专为修士栖宿咏歌,形态雅致适合神修。(圣教杂志 1927 年 10 期:465)有些修生在修道时间专门负责唱经,1915 年期间的河北宣化杨家坪圣母安慰修道院内,有专门的唱经修士21 人,办事修士42 人,后者除诵经外专务农活。(圣教杂志 1915 年 5 期:229-230)女性修道者会进入修女院神修,修女张桂兰口述《我的修女生活》中,描述了解放前北京东单三条方济各白衣修女会诵经歌唱的每日功课:"五点半钟,进堂念早课,之后,默想一天的事。六时,神甫作"弥撒",作完"弥撒"再领圣体,一等修女在堂屋按风琴节奏唱小日课,二等修女到圣母堂跪着念小日课、念天主经、圣母经各 12 遍。"(张家口文史资料 16 辑 1989:191)修道院内的宗教生活除一年之内的宗教礼仪外还有各类的庆典活动,如 1918 年 6月 2 日主日,北京栅栏主母会修士总院举行迎圣体大礼,撒花童子在前,圣体光随后,各修会的修士修女及信徒尾随,一路念经祈祷,圣体降福时圣心会学校学生吹喇叭，南堂信徒放鞭炮。同年 9 月 15 日，祝圣圣心大礼在该院举行，教堂内灯火辉煌，堂内明供圣体、唱经祈祷，随后圣体降福，出堂时歌声四起，鼓乐喧天，司祭手捧祝圣圣心像降福，全体念奉献圣心诵。（圣教杂志 1918 年 8 期：366-367，11 期：515-516）1931 年北平石门总修院哲学教授周某升为河北保定首任华籍司牧，4 月 5 日修院举行典礼庆祝，当日为复活节主日，大礼弥撒完毕后开庆祝会，北平修生王基志演奏风琴奏乐，唱 Ecce Sacerdos 圣歌，保定大六品修生三人诵拉丁颂词等。（圣教杂志 1931 年 5 期：308）

高等大修院的音乐课程通常由外籍神职教授，山西太原下庄总修院是培养山西地方神职司铎的基地，学校设置中文教授的文学和科学等，圣学课程有道理神学、神修学、圣教礼仪和圣教歌乐，由西班牙籍司铎华丽士教授。（新光季刊 1947 年 2 期：45）华氏通晓音乐、善奏风琴、指挥合唱，逢遇堂区大礼，由他指挥修生合唱献音。总修院的生活对于修生的神性要求更为严格，唱经、学习、默想、弥撒、敬礼便是学业的主要内容。现今 98 岁的郭继汾司铎 1938 年曾任该修院院长，他在《若望孟代高肋维诺总修院述略》一文中，详述了修院培养未来司铎的日常生活：

> ……被召的修生……在开学前，先做了避静神工并唱了圣神弥撒，然后于同年九月一号就正式开了学……该小堂的落成礼在圣母月的首日五月一号举行的……先经葛代权司铎举行降福堂礼后，本院长在该堂做了大弥撒，弥撒中有华司铎指导的唱经班……众修生每日应做的事，不外诵经，读书，散心而已……散心时，严禁修生读书或他项劳心的事务，但准许他们轮流学习乐器或浇灌管理花园……众修生于每主日听道理，每占礼五学唱经并演习圣礼节……众修生公行的热心功课，就在早课（晨五下）默想，与弥撒，领圣体，省察，诵玫瑰经，望降福，晚课（八下三刻）；私下里也常进堂朝拜圣体……本院……把每日行敬礼的旨意指定如下：主日为恭敬圣女婴孩耶稣德肋撒，修院副主保，使其转达加增圣德于神职者；瞻礼二为恭敬圣方济各；瞻礼三为恭敬圣安多尼，修院副主保；瞻礼四为恭敬中国主保大圣若瑟；瞻礼五为朝拜圣体。因圣体是洁净与圣德之渊；瞻礼六为赔补耶稣圣心所受的轻慢凌辱；瞻礼七特敬本院大主保无原罪圣母玛利亚。以上的神工，很鼓励了本院青年热

爱圣体的心火，以至于在课余的时候，都用片刻的功夫，入堂朝拜圣体。每主日众修生更诵圣母小日课；在各大瞻礼前恭行九日敬礼；每月上主日，行小避静并望圣体降福；每月之十五日，按远东归化会的宗旨（求为增益远东国籍司铎）另行一日避静神工；每年于开学前，行五日大避静。（郭继汾司铎@shanxixiuyuan.com）

（图片 4-1：旧时山西总修远的静心室，来源 http://www.shanxixiuyuan.com/）

图片 4-1 为旧时山西总修院的静心室，十字架下方有一架小风琴。静心神修与音乐不可分割，其间总有祈祷、诵经及唱诗歌咏等，音乐的实用性功能便能一窥。

二、教会中小学

近代把持中国天主教会之法国教会的传教主要针对中国下层人士，因此初等教育和教理学校是其办学重点。至 1914 年天主教会在华创办的学校共有 8034 所，其中只有一所大学——上海震旦学院，至 1949 年之前在华天主教仅创办了三所大学。

教会中小学的建立遵循民国政府教育部的办学政策，课程设置与公立学校基本相同，音乐教育除使用社会通用教材外，全部采用近代西方教育模式，课程设置规范合理，外籍人士是主力教员。北京天使（小）修院的音乐课在初中部教学科目中第一学年第一、二学期各有 2 课时，第二、第三学年各有 1 课时，三年合集有 8 课时。在高中部教学科目每学年各有 1 课时，三年合集有 6 课时。

私立北平辅仁大学附属中学初高级艺术组音乐小组，有 16 人歌咏队的声乐组和单人训练自备乐器的器乐组。学校的音乐教职员工有两位：上海音乐专修科毕业的江苏江都人易是，1932 年 9 月离校。北平大学艺术学院音乐系毕业河北满城人邵晓琴，教授初高中音乐课。初中三年，每学期音乐课各有 1 课时，每周一小时，合计 6 课时。高中第一学年第一、第二学期各有 1 课时音乐课，第二、第三学年没有音乐课。音乐课教学用书，初中三年使用北新出版的吴伯超《初中乐理》和中华乐社出版的柯政和《初中模范唱歌教科书第一册、第二册、第三册》，高中一年级使用北新出版的《北新歌曲》。

在各学科教学纲要中，音乐课的教学系统规范：初级小学的目标是发展学生的音乐曲趣及才能、使学生明了初步的乐理、涵养美德的情感及乐群的精神和启发文艺的欣赏，练习作业有声乐（发声、音阶、音程和歌曲练习）、器乐（任习一种乐器）和理论（音乐常识、和声学纲要、作曲法概论）。第一学年声乐大纲学习发音呼吸等基本练习、长音阶练习、从一度至四度的音程练习和一部歌曲的唱奏，器乐大纲学习键盘乐、弦乐或管乐的基本练习，理论大纲学习音乐常识。第二学年声乐大纲同第一学年，加短音阶练习、五八度的音程练习及二重合唱练习及歌曲，器乐大纲同第一学年练习演奏短曲，理论大纲学习和声学纲要。第三学年声乐大纲同第二学年加三部合唱练习及歌曲，器乐大纲同第二学年练习较难之演奏曲，理论大纲学作曲法概要。大纲强调教学法要点为，声乐大纲要求发音练习注意学生音域及变声期、注意声音的准确及视唱读谱、注意歌唱的态度表情忠实于原曲，器乐大纲要求注意姿势优美、发音准确、表情充分，理论大纲要求多做练习明了曲式结构及和声运用。还特别强调勿使变声期学生努力过度、培养有天分的学生以及多提供欣赏机会等，待毕业时可以达到正确演唱演奏较容易的歌曲、能为诗歌谱简单小曲。高级小学音乐课大纲的目标是：涵养谐和优美、刚强沉毅之情感，发扬仁爱和平、勇武壮烈之民族精神；发展学生音乐才能与兴趣；能独唱合唱较高深歌曲；增进欣赏音乐能力。第一学年第一学期声乐大纲学习音阶及和音音序练声、视唱选唱较浅易之练习曲（Concone 50 Ex.）、选唱著名歌曲独唱和二、三部合唱歌曲，理论大纲学习音乐起源、上古音乐和音乐记载法变迁的音乐史以及声乐曲名曲解说，器乐大纲学习课内外相当的材料。第一学年第二学期声乐作业要求练声、视唱、唱歌三项教学，理论作业要求音乐史和名曲解说两项教学，器乐作业要求应视学生天才斟酌于课外教学。大纲强调教学法要点为，声乐大纲要求练声注意姿势及发音正确、固定唱名法代替首调唱名法、唱歌选取雄壮快乐活泼勇敢庄严和平之歌曲、要求伴奏能独唱及合唱按音域分声部，理论大纲要求讲授古今中外名曲以及利用留声机解说欣赏名曲，器乐大纲要求系统学习乐器者继续学习。因学习时间有限，高中部可以只偏重于声乐教学，每次上课时先讲理论20分钟，再教声乐，器乐可以课外指导。（辅仁大学附属中学 1936:162-167）

（谱例 4-3：私立辅仁大学附属中学校歌，辅仁大学附属中学 1936:封二）

　　从音乐课的教学大纲来看，学校采用的是西方音乐教育制度，特别是高小第一学年的大纲里明确写明废除首调唱名法以固定调取代之，但由外国神父谱曲的校歌却是中国传统五声调式的，F宫调式的旋律配合明雅的歌词简洁优美琅琅上口。谱例 4-3 是辅仁大学附中的校歌，作曲者为卢华民司铎（Rev.Theodore RÜhl S.V.D）。

　　教会学校通常有丰富的课外文娱活动，如河北张家口沽源县平定堡博爱教会小学，平日课外活动有唱歌跳舞游戏赛跑，每逢周日大弥撒后举办音乐会，初年级有唱歌课，高年级有音乐课，每隔几周举行一次歌咏比赛。（张家口文史资料 16 辑 1989：315-317）在各类宗教大典礼仪游行上，教会学校的音乐才艺更是必不可少，如 1919 年北京西什库教堂左边的法国圣母会盛新学校举办院长主保瞻礼庆典游艺大会，学生们奏军乐、演说、唱圣歌和校歌、演圣诞剧等热闹非凡。（圣教杂志 1919 年 2 期：72-73）次年 6 月 6 日主日，北京阜成门外修院举行圣体游行大典，东西南北四堂信徒齐聚朝拜，待圣体降福时，十字架前导，毓英中学与圣心学校的鼓号队随后奏乐，味增爵会白衣修士唱经班、南堂公经会、若瑟会女学生和男女信徒轮流唱经（圣教杂志 1920 年 7 期：319-320）1921 年山西潞城天主教圣安多尼学校举办主保圣人圣安多尼瞻礼游艺大会，先由鼓乐队前导迎宾，后唱本校主保歌，正式开会时奏军乐唱国歌，待学生唱完迎宾歌之后游艺大会开幕，有拳术、哑铃体操、国技、历史添字、黑板图画、演故事等，演毕合唱送宾歌奏军乐，再由鼓乐队前导唱操行歌而散。（圣教杂志 1921 年 8 期：357-360）1935 年 12 月 27 日天津教区文主教主保圣若望瞻礼庆日，天主教西开小学及若瑟小学分别举行庆祝典礼。早 7:00 先在西开总堂举行弥撒仪式，礼毕圣体降福。九点半小修院全体师生唱庆祝歌进颂词。10:00 西开小学生开庆祝会，唱歌报告宣讲事迹，再唱庆祝歌。下午 3:00，若瑟小学开庆祝会表演唱歌、进颂词、献祭服、演戏剧等。（郭凤岐、陆行素 2001：1410）1936 年于斌主教在西什库教堂举行的祝圣礼，有音乐队奏乐和大小修道院修士唱经，庆祝会上由惠我小学生唱团体庆祝歌，光华小学生演卖花女，光华中学生演小舞女、雪花舞，培根小学生演儿童舞，培根中学生演黑人舞等，节目非常丰富。（圣教杂志 1936 第10 期：633-635）

Mission de Sien-hsien (Tché-li S.-E.)

7 - La Chorale du Collège de Ta-ming-fou

（图片 4-2，来源：http://hejian.5d6d.com/thread-5479-1-1.html）

图片 4-2 是天主教直隶献县教区大名府某教会学校唱经班的学生，图中 6 个身穿长袍拿着歌本的男孩引昂高歌，这是真实的教会学校音乐写照，而在近代中国教会学校正是培养西方音乐专业人才的摇篮之一。

第五章　近代天主教音乐文本

第一节　歌唱本

一、单声部圣歌

在华天主教信徒最早使用的是西方传教士带来的圣歌本，此类圣歌多是梵蒂冈、法国等欧洲出版的拉丁文四线谱的格里高利圣咏和法文的五线谱圣歌集等，其中有神职人员专用的弥撒唱经本也有普通信徒诵唱的圣歌本，笔者在田野考察中发现不少此类歌谱。为了便于在近代中国传教，基督新教创办有 60 余所印刷机构，天主教虽不及新教，但其多数的主教座堂或相关机构也办有附属印刷厂，著名的有上海土山湾印书馆、北京北堂遣使会印书馆、河北献县张庄天主堂印书馆、山东兖州府保禄印书馆、天津益世报馆、香港拿撒勒出版社等，它们均采用中国传统的雕版印刷术，本土中文圣歌集的出版便集中于这个时期。

近代出版的天主教中文歌本数目极难统计，存世至今的谱本也较为稀少。1924 年《天津公教图书馆》一书目录，刊有馆藏的部分天主教"乐歌类"图书如下（天津公教图书馆 1924：29-30）：

书　名	价　格
《圣歌石印附调》（华订、洋装）	二角五分、三角七分
《各式圣歌》	四分
《上海方言避静歌》	五分

《圣教要理歌曲》	三分
《佘山圣母歌》	（每十张） 二分
《徐汇公学唱歌集》	二角五分
《咏唱经文》（一、二、三）	二角五分、三角五分、四角五分
《咏唱经文》（一二三）（并订伴洋装）	一元二角
《咏唱经文》（辣丁）	六角
《咏唱经文》（上集、下集）	三角、一角五分
《咏唱经文》（合订洋装）	六角
《琴调集成》	一角五分
《风琴小谱》（一、二、三、四）	五角、六角、五角、四角
《圣若瑟及追思弥撒》（咏唱序文）（大、中）	一角、七分
音符线纸（大中小每张）	三分、二分、一分
以上徐家汇出版	
《经歌摘要》	二角
《圣教歌选》	二角五分
《清音谱》	四分
以上河间府出版	
《圣教歌选》	七分
以上兖州府出版	
《宗古歌经简要》	一角八分
《圣体降福经文》	一角八分
《圣清音集》	一角
《圣事经文简要》	五分
《石印汉文圣歌》	三角
《圣事歌经简要》（木板）	一角
《圣歌宝集》	二角
《圣母行宝歌》	四分
《亚肋叔歌》	一角
《董圣人致命歌诀》	三分
《耶稣复活圣诞歌》	二分

《圣母痛苦词》	二分
《压琴规则》	一角
以上北京出版	

（图表 5-1：1924 年《天津公教图书馆》馆藏天主教音乐书籍）

《上智编译馆馆刊》一卷和三卷中，"近十年来我国天主教出版书籍总目第一辑（民国 26 至 35 年）"以及"1947 年出版的中文公教书"刊文天主教圣歌类图书如下（上智编译馆馆刊一卷 1946：40，三卷三、四期合刊 1948：151）：

书　名	出　版
《中华圣教歌曲》1939 年	山东兖州天主堂
《中华圣教歌经》1939 年	山东兖州天主堂
《圣歌汇集风琴谱》1939 年	山东兖州天主堂
《圣歌粹集》1942 年	山西大同天主堂
《单音咏唱撮要》圣母院 1943 年	上海徐家汇土山湾印书馆
《经歌译要》1943 年	河北献县天主堂
《唱大弥撒圣体降福中文拼音》 葛立模编 1947 年	北平普爱堂出版社
《祷文歌唱本》 葛立模编　1947 年	北平普爱堂出版社
《降生救世的福音歌剧》 李山甫著　1947 年	天津崇德堂
《圣歌》1947 年 本集共收圣歌 39 首，内教友诸德歌 8 首，耶稣圣体歌 13 首，圣母歌 13 首，赞美天主歌 3 首，圣诞歌 2 首。皆用五线谱石印，颇清晰，且大部为复音。米良司铎编曲，歌词由张茂先、高启正、王振业、史宪章、张指南、马在天、高正一、高淑颖、童彬等分别撰著，西安天主堂教友生活社印行，三十六年八月出版，定价每本二万元。（上智编译馆馆刊二卷六期：505）	西安天主堂教友生活社
《天主教弥撒圣歌》油印本，辑入"主矜怜我等"、"荣福经"、"信经"、"圣圣圣"、"除免世罪"、"祭毕"等宗教歌曲，56 页。	不详

（图表 5-2：《上智编译馆馆刊》刊天主教音乐书籍）

这些已知的圣歌集以礼仪歌曲为主，涉及圣歌、经歌、剧本、琴谱等内容，笔者选择部分有代表性的近代圣歌集简介。现今研究发现最早的天主教中文圣歌集是刊于1861年（清咸丰11年）的《圣事歌经简要》，著者和出版地不详。在《天津公教图书馆》的书目中，我们得知其出处是北京。该书的特色是乐谱为中国工尺谱字镶嵌在拉丁四线谱的音符之中，歌词为汉字拉丁文音译注解，书中前言道：

> "今日圣教于中国颇为平安，瞻礼主日教友众多处时，或遇有神父举行歌经弥撒及圣体降福等，知尔教友中多人欲学歌经以显颂扬天主诚心。但难于学习西国文字，故今特将大瞻礼及主日所常歌诵者谨按西音翻成中国文字以便识认。其韵之高下则于西国印号中刻工尺字，俾知音乐者易于领会……"（陶亚兵 1994:159）

这种音译的歌词在近代天主教会中使用了很长时间，而这种中西结合的乐谱，笔者在1911年北京救世堂印的《圣歌宝集》中也发现相同的例子（谱例5-1,5-2），此后版本的谱式多是四线谱、五线谱和简谱并存，该类谱式鲜见。

（谱例左 5-1："恭敬圣体经"，1861 年《圣事歌经简要》，转引陶亚兵 1994:159）
（谱例右 5-2："圣母痛苦词"，1911 年《圣歌宝集》）

1911 年北京救世堂（北堂旧称）出版的《圣歌宝集》有四线谱、五线谱以及四线谱与工尺谱字结合的三种谱式，包括圣母痛苦词、耶稣复活歌、耶稣圣诞歌、圣母祷文、天主十诫歌、十二月采茶歌、圣教采茶歌、毛病采茶歌、神工采茶歌、十诫采茶歌、义和团采茶歌、瞻礼采茶歌、十二月口外老歌、圣母哭五更、神父忧闷歌、冷淡教友十五更、聂鲍二位司铎五更、五更歌、哭五歌、五更太平年、义和团太平年、鹰子歌、托生歌、受难五苦、圣母大七苦、圣母小七苦、四末叹、升天直路、炼狱告文、世界穷尽歌 30 首圣歌。其中圣母痛苦词和圣母祷文是格里高利圣咏，耶稣复活歌和耶稣圣诞歌是法国传统圣歌，其余采用中国传统民歌旋律如采茶歌、五更调等一曲多词改编，目的是用人们熟悉的旋律和民谣方式宣传天主教义，因此歌词常有十几段之多，通常一首圣歌唱下来一篇教理也讲完了。（详见附录 2 ）

　　1931 年河间府—河北献县天主堂出版的《大弥撒及圣体降福经歌摘要》前言，有长达 13 页拉丁文和中文对照的"额我略调注解摘要"，全文以问答方式用中文和拉丁文对照提出 17 个问题，对格里高利圣咏的基本常识做逐一解答。凡涉及西洋音律知识，多用中国传统乐律做比对，文词例举简明扼要，是很好的格里高利圣咏礼仪歌唱入门，此类注解在国内相关书籍中极为少见非常难得。现摘录如下，拉丁文及乐谱部分略。

一、何为额我略调？

　　额我略调，一曰平调，乃幽雅和平之调，圣教会所用以歌唱经文者也。

二、平调所用之音线有几？

　　音线有四，自下而上，所以定音符之高低者也，若四线不足于用，于音梯上下，皆可添设附线。

三、平调定音符之钥匙有几？

　　有二，一为道钥匙，一为法钥匙。（即 Do 和 Fa 音，笔者按）

四、何为伯毛而（b）

　　乃变音之号，凡音符前有此号者，唱时须低半音，于额我略调中，此号惟用于音符（西），凡此号见于定音钥匙之后者，则全调中，每遇音符（西），皆低半音。凡见于行间者，其力惟及于截音竖线之内，过此以下，即为无效。

五、何为伯优而？或名复原号

　　此号，取消伯毛而之势力，使音符（西）复归原音。

六、音线画处，常有缀尾之半音符，名基东者，缘何而设？

　　基东，译言引领，可名之为引领音符，此半音符，即下音线起首之音符，所以引领歌经者，预知以下之音符也。若行于间，改定音钥匙，于钥匙前，亦设此半音符，所以引领歌经者，预知改定音钥匙，起首之音符也。

七、何为音符，共分几种？

音符犹中国之工尺字，经歌中所用以定音之高低者也，共分三种，即平方音符、缀尾音符、斜力音符，此三种音符，有时独立，有时团聚。

八、何为单音符？

单音符，即未团圆之音符也，须知额我略调中之音符分轻重，不分长短，故缀尾音符不可太长，平方音符亦不可太短。

九、何为音阶，何以成之？

音阶乃音符于音梯升降所履之阶也，上升所履之阶，为道来米法扫拉西道，即中国之上尺工凡六五亿仕，下降所履之阶，为道西来扫法米来道，及中国之仕 亿五六凡工尺上，且自每音符起首升降，皆可成一音阶，音符有七，故所成之音阶，亦有七。

十、平调之音式有几？

音式有八，分辨之法有四：一以音阶上下两端之音符，二以结尾之音符，三以主调之音符，四以半音音符之所在。此八音式，四正四附，两两相对。第一式自（来）音符起首，第三式自（米）音符起首，第五式自（法）音符起首，第七式自（扫）音符起首，此四式名曰正音式。其余之第二、第四、第六、第八式，皆自相对正音式，下降之第四音起首，此四式名曰附音式。

十一、额我略调八音式之图如下。

其间两音符并列者乃结尾音，缀尾之音符乃主调音符，有 St 号者乃半音之音符，音梯上之附线乃表此线下之数音符，在正音式内见于主调音符之上，在附音式内，反见于主调音符之下，以成附音式者也。

十二、古人于此八音式有何名称？

古人因八音式之声，称第一为稳重音式，第二为凄怆音式，第三为寓意音式，第四为谐和音式，第五为舒畅音式，第六为虔诚音式，第七为天神音式，第八为大成音式。

十三、学习额我略调有何法术？

学习额我略调之法术有三，难易不同，当循序渐进。

1. 习念各音符之名，不问其音之高低，定音钥匙无论立于何音线之上，其以下之音符，当具何名寓目即知，不烦推敲。

2. 因各音符之名，咏其高低于音梯上，或由下而上，或由上而下，循环往来，声音中节。

3. 音符下缀以歌词，依各音符之高低咏其歌词。以下所列演唱规程乃为第一第二法术所设，至于演唱歌词之法，则于此书中任取某段经文以自温习可也。

十四、演唱音符相隔之高低。

A. 习唱隔二级之音符　B. 习唱隔三级之音符　C. 习唱隔四级之音符　D. 习唱隔五级之音符

附注：按此数规程演唱，亦当如上文所言，先习念音符之名，后习咏音符之高低，终乃于此书中，摘取弥撒圣咏某节演唱歌词。

十五、何为呵音有何取益？

呵音乃不念音符之名，惟以亚字咏各音符之高低，所以习此者，欲使学者练喉音也习之日乃，至歌经时声不游移，且能婉转壮健。

十六、截音有何定律？

凡歌经时，须按经文之义，以定截止之处或看音乐之势，何处当截何处可截，截音之号不一而足，概以竖线表之。长截音乃于结尾之数音符声调伸长，唱毕之后可以停止呼息。短截音乃于结尾之数音符声调亦稍伸长，唱毕之后亦可稍呼气息。极短截音乃声音一断即接，若有必须呼息者必须急急从事。音梯上遇有二线者，乃乐阕或奏乐一曲之号。

十七、接经文之义，以定声调之机势有何规矩？试举数则如下：

1. 行大礼时所咏之经宜加稳重，然不可失之松缓。

2. 弥撒中所咏之经，如基利噯宜具稳重态度，以表哀祷之情。各老利亚宜活动，有鼓舞欣悦气象。可来道依诵读声调，从容大雅有深信不疑之势。桑可都斯宜声音赫赫，具有威可畏之象。亚各女斯宜声气和顺，以表圣孝之情。

3. 圣咏盖皆一字一音，歌时宜爽快。

4. 咏圣母祝文前之短句，宜婉柔持重。

5. 咏圣体降福内诸经，以冠冕堂皇为正式。

留神经歌中，有数字共为一句者，切不可于中间截断。又经文中，有一句后，缀一无音字者，本可与下句起首之有音字相连，然亦不可过拘，失之牵强。

该注解涉及四线谱的定调、调号、调式、音阶、音符特征、学习方法、练唱规程、演唱要求、音乐风格和应用规则等方面，谈及格里高利圣咏应用的多个层面。尤其是16、17两条，分别解释歌咏经文时的小节线换气提示以及如何歌咏各种经文表达其意。该书辑有弥撒、四季所唱之经、敬礼圣母经文、诸圣人各瞻礼、平常圣体降福所唱经文五大类，主要选用梵蒂冈和法国索莱姆版的格里高利圣咏曲集，以四线谱以及拉丁文与谐音汉字对照歌词刊印。

I.－MISSÆ ○ 彌撒

In solemnitatibus, ad libitum

1. MISSA REGIA

KYRIE ○ 基利矮

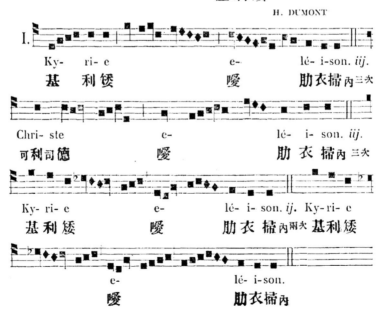

（谱例5-3："垂怜经"，1913年《大弥撒及圣体降福经歌摘要》）

1929 年北平北堂出版的《大瞻礼弥撒》由四本书合订：1929 年北平北堂印《大瞻礼弥撒》、1934 年北平西什库天主堂遣使会印字馆印《宗古歌经简要》、1932 年北平北堂印《圣体降福经文》和 1934 年上海土山湾印书馆印《圣歌》。《大瞻礼弥撒》包括圣母显迹圣牌瞻礼弥撒、圣母无原罪瞻礼、耶稣圣诞子时弥撒、耶稣圣诞天明弥撒、立耶稣圣名弥撒、三王来朝瞻礼、圣母献耶稣于主堂、圣若瑟中国主保、圣母领报瞻礼、圣枝礼仪瞻礼、建定圣体大礼、耶稣苦难唱公祈祷时、望复活、复活瞻礼、圣若瑟普圣教会主保瞻礼、耶稣升天瞻礼、圣神降临瞻礼、耶稣圣体瞻礼、耶稣圣心瞻礼、圣伯多禄圣保禄瞻礼、圣味增爵瞻礼、圣母升天瞻礼、圣母玫瑰瞻礼、耶稣君王瞻礼、诸圣瞻礼 25 首弥撒套曲和感谢天主诵 1 首圣歌。《宗古歌经简要》包括交替圣歌（洒圣水经文和复活瞻礼洒圣水经文）和 6 套弥撒曲（Missa De Angelis、Missa Cunctipotens、Missa Kyrie Fons Bonitatis、Missa B.Marie V.Cum jubilo、Missa Regia,auctore H.du Mont、Missa Pro Defunctis 亡者大弥撒）。《圣体降福经文》包括 In honorem SS. Sacramenti.、In honorem SS.Cordis Jesu.、In honorem B.Mariae Virginis.、In honorem S.Joseph,Sponsi B.M.V.、In honorem Sti.Vincentii.、Pro Summo Pontifice.、Pro quacumque necessitate.、Pro dlversis temporibus.共八大类圣歌。这三本歌集均刊印为四线谱和拉丁文与汉字音译文对照歌词的版式。最后一本《圣歌》刊印为五线谱与中文歌词的版式，一些歌曲配有四部和声，共有教友诸德歌、耶稣瞻礼歌、圣母瞻礼歌、敬礼圣母歌、圣人瞻礼歌和附录六大类圣歌。

笔者搜集的部分 20 世纪 30 年代之后出版的歌本，多刊印为五线谱中文歌词版式，如 1932 年河北献县主教刘准《经歌汇选》，包括避静歌、耶稣瞻礼圣歌、圣体歌、圣心歌、圣母歌等 134 首五线谱圣歌。一些传统的弥撒套曲如亡者大弥撒，仍然刊印为四线谱和拉丁文与汉字音译文对照歌词的版式。20 世纪 30、40 年代已有一些简谱版的中文圣歌刊印，如太原天主堂 1947 年印制的《圣教歌曲》收录部分流传在华北地区的天主教民谣风格圣歌，曲目有直言劝友歌、专务救灵魂、守诫救灵魂歌、圣教四规歌；十八奇花警言歌、升天直路歌、圣事七迹歌、告解五条歌、世界穷尽歌、罪宗七端歌、圣事七迹总歌、真福八端歌、万民四末歌、奉劝世人歌；如达斯卖耶稣歌；贺新年歌；太平年歌；采茶诗歌、上洋采茶歌、想五更歌、四末五更五点歌、圣母七苦歌等。该歌集与 1911 年北京救世堂版的《圣歌宝集》相同，大部分歌曲直接套用民歌旋律和曲名，再加上一曲多词的特征，突出了其传道功用。一首歌曲常囊括一篇道理如《专务救灵魂歌》，或教会规条要理如《十诫百句歌》，或完整讲述一个故事如《如达斯卖耶稣歌》。这些民谣风格的歌词，多是中国传统孝亲文化背景下的天主教内容描述，而信徒们也很乐于将深入人心的儒家伦理内核贴上天主洋教的外貌标签，这种结合模式正是这种外来宗教生存于本土的内因。若不是有"耶稣""天主""圣母"等字眼的出现，此类本土教会歌曲很难纳入"圣歌"的传统范畴。

 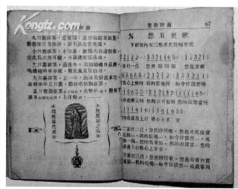

（图片左 5-1，右 5-2：1947 年太原天主堂印《圣教歌曲》，来源孔夫子旧书网）

二、多声部和自创圣歌

多声部圣歌合唱本的刊印在近代歌本中数目较少，1941 年献县天主堂印书馆《荣主赞颂大弥撒》内录"和音弥撒"和"亡者弥撒"两部弥撒曲，前者为二部合唱弥撒套曲配有风琴四部和声伴奏谱共五部分，后者为单声部弥撒曲和拉丁祷文，该曲集刊印为五线谱和汉字音译文与拉丁原文对照的歌词。1947 年天津崇德堂出版的《圣乐——贡献于中华母皇》收录了 32 首二至四声部的合唱圣歌，其最大特点是用多声部简谱和中文意译歌词编配的合唱曲。从拉丁文到谐音汉字拉丁文再到中文意译，从四线谱到工尺谱从五线谱到简谱，这本歌集的出版已经真正意义上实现了圣歌的中国本土化转变。此歌集由李山甫神父编于北平耶稣会德胜院（现德胜门内大街石虎胡同），该学院是外国年轻耶稣会士学习中文普通话的学校，待毕业之后便转到河北献县大修院学习哲学和上海徐家汇学习神学，历经 10 年的苦读之后便向中国各地传教。编者外籍耶稣会士李山甫神父除任职于德胜院之外，还是佑贞女中歌咏团的指挥，常活跃于北平天主教音乐圈内。

近代创作圣歌者为数极少，创作中国风格圣歌者更为罕见，江文也是最有代表性的作曲家。他依据吴经熊《圣咏集》中译本，创作的系列单声部圣乐作品 1947-1949 年由北平方济堂圣经学会出版，包括《圣咏作曲集》二卷（第三卷遗失)、《第一弥撒曲：作品四十五号》及《儿童圣咏集》第一卷作品四十七号。江氏创作的最大特点是用中国古典音乐重新诠释天主教圣乐，使得编者在前言中引用时任天主教联合音乐学会指导比利时人儒廉汪路裴氏的评论："从任何方面来观察，我们不能不承认现在我们真是有了纯真的新宗教音乐，仅只这二曲已显然超过近代各国间正在风行者的无数而它们的存在实令人痛心的宗教歌曲……"江氏在作曲及第一卷的凡例和后序中说明：

> 此圣咏集的旋律是根据中国这几千年来的古谱古曲的音调而编作出来的，例如传说是尧帝时的儿童歌'康衢谣'、舜帝的'南风歌'、诗经乐府唐诗宋词，一直到清朝的'九宫大乘南北词宫谱'以及历代的正雅乐等，其代表底旋律都包括在内……其伴奏部与从来的宗教音乐大有不相同处，是为了旋律而采用中国固有的音乐理论，例如和声是根据古琴、笙管、琵琶，对位法是以'金声玉振'的根本精神并加以近代底发展而配作的，节奏则采由正雅乐……普通教会的音乐，大半是以诗词来说明旋律，今天我所设计的，是以旋律来说明诗词。要音乐来纯化言语的内容，在高一层的阶段上，使这旋律超过一切言语上的障碍，超越国界，而直接渗入到人类的心中去，
> 我相信中国正乐（正统雅乐）本来是有这种向心力的。

《圣咏作曲集》第一卷包括敬献圣母玛利亚两首（圣母经和圣咏第 87 篇）、主日的晚祷 6 首、圣母节的晚祷 6 首、圣母小日课的圣咏 1 首、夜课经 3 首、为亡者的圣咏 4 首、圣诞节的圣咏 2 首、三王来朝节的圣咏 1 首、复活节的圣咏 4 首、圣体节的圣咏 1 首、为结婚的圣咏 2 首、圣母喜乐歌、恭贺圣母曲、圣咏简易宣叙调 5 首。《圣咏作曲集》第二卷包括圣母哀伤曲、圣母赞主歌、依念圣母经、庆贺圣母颂、圣诞节亚肋路亚（F 调、C 调）、圣母升天节亚肋路亚、复活节亚肋路亚（C 调、D 调）、圣诞节的圣咏 2 首、三王来朝节的圣咏 1 首、苦难期的圣咏 2 首、圣神降临节的圣咏 1 首、天主圣三节的圣咏 1 首、耶稣圣心节的圣咏 1 首、圣母节的圣咏 1 首、祈祷和平的圣咏 1 首。为儿童所创作的《儿童圣咏歌集》（第一卷作品四十七号）包括圣诞节的圣咏 2 首、耶稣圣名节的圣咏 1 首、三王来朝节的圣咏 1 首、复活节的圣咏 2 首、耶稣升天节的圣咏 1 首、圣体节的圣咏 3 首、圣母节的圣咏 3 首、主日的圣咏 3 首。《第一弥撒曲》（作品四十五号）是江氏出版圣咏乐谱之后研究格里高利圣咏，以中国古乐之精髓作成的一部中国国语弥撒套曲，此时罗马教廷还不允许各地用方言举行弥撒，因此本乐谱的出版便显得意义非同，编者在序中也特别说明了

这一点。该弥撒曲包括 kyrie（主怜诵）、Gloria（荣福颂）、Credo（信经）、Sanctus（圣颂）、Benedictus（祝颂）和 Agnus Dei（神羔诵）六部分。

　　非专业背景的圣歌创作，已知一位女天主教信徒刘爱理，1948 年《上智编译馆馆刊》第三卷第六期作专栏介绍"女音乐家刘爱理之近作"。文中介绍她原为中国文学系专业，后对作曲产生兴趣在音专选修理论作曲课并创作了 30 余首歌曲，这些作品有宗教和其他类型的歌曲如"啊！耶稣我疼你的伤口"、"以利亚"、"壮行"、"安眠"、"How to go"、"圣母献"。"晚祷"这首歌曲被拿到国立音乐学院的诸位教授如江定仙等人的手中评鉴，获得一致首肯。当年 5 月 17 日歌唱家管喻宜萱在上海百代唱片录制了刘氏的两首天主教圣歌作品"晚祷"和"夜思"，图片 5-3 即是这张老唱片近照，标注上海百代唱片 B.1263 文艺宗教歌曲"晚祷"、"夜思"，管喻宜萱演唱，刘爱理词并曲，34106A，由菲律宾籍电风琴乐师维拉伴奏。

（图片 5-3：上海百代唱片刘爱理作品，
来源 http://tieba.baidu.com/f?kz=842923676）

　　这两首乐曲的歌谱难以找到，但网络上提供有百代唱片的录音原带。笔者根据该唱片记录曲谱如下（谱例5-4，5-5）：

晚祷

刘爱理词曲
管喻宜萱演唱
孙晨荟记谱

（谱例5-4：刘爱理作品"晚祷"）

　　"晚祷"一曲采用ABCA起承转合式结构，起段A道出凄清之心境，承段B展现疑惑与恳求，转段C为高潮祈祷呼求圣母玛利亚，合段C的旋律虽与A段相同但晚祷之后的情感已不再凄凉悲切而转为平安柔和，歌声也由此宁静安稳，这即是晚祷的精神意义所在。

"夜思"（谱例 5-5）一曲开头，钢琴琶音式主体伴奏立即将听者带入心潮思绪起伏之境，文中如此说明：

> 曲的节奏是四分之四派，慢板，它的特点，就是每一乐句的末尾两个字，（Note）下一句开端把它重复应用，作为衔接。其所暗示的，恰如一个人在寂静的氛围中思潮起伏的那种情景。歌唱起初是平静的，唱至"有人床前跪祷……"，乃渐低渐弱，至"祷声直上云霄……"，复渐高渐强，云霄两个字之间，缀上一个装饰音，这一转，使曲调变化，使曲情转亢奋，到"多少梦儿来缠绕"为止，以下"圣母啊，圣子啊……"才又转回哀婉恳切。这些，自然可以见出作曲者的苦心经营的痕迹。（上智编译馆馆刊 1948年 6 期：268）

（谱例 5-5：刘爱理作品"夜思"）

关于多声部圣歌的创作，仅知李振邦神父在其著作《教会音乐》中提到，20 世纪 30 年代在河北正定教区柏棠小修院（兴华中学）任教的遣使会（味增爵会）士安乐斯神父（H.Alers,1896-1968）创作有多部混声合唱作品以及中国风格的多声部弥撒曲。包括无伴奏混声三部合唱《主，请赐平安》、混声四部合唱《若瑟颂》、混声三部合唱《请看，主的大祭司》、童声及男声二部合唱及管风琴伴奏《中华圣母弥撒曲》第一号、混声四部合唱及管风琴伴奏《中华圣母弥撒曲》第二号、管风琴独奏曲《中国风》等。文中提及《中华圣母弥撒曲》第一号的主题采自中国民歌及评剧的风格，共有垂怜曲（Kyrie）、光荣颂（Gloria）、欢呼歌（Sanctus，后半部分迎主曲 Benedictus）和羔羊颂（Agnus Dei）四部分。（李振邦 2002：61-64）

第二节　器乐本

由于对乐器演奏的限制，天主教器乐谱本的出版和传世甚少。笔者有幸得到民国时期的两类出版谱本，一为据 1912 年再版的天主教音乐会工尺谱本《清音谱》，一为据 1907 年版翻印的法国教堂风琴《圣乐练习》。前者是纯粹的中国天主教音乐产物，后者是正统的欧洲天主教音乐传承。

一、《清音谱》

天主教音乐会工尺谱印刷本《清音谱》，已知最早版本为民国元年（1912）河北河间府胜世堂线状铅印本，笔者所得为 1934 年河北献县天主堂再版，此为所见唯一一本正式出版的天主教音乐会谱本，其余均为抄本。

> 清音谱凡例：乐中有规例数条，学乐者先宜知之。乐谱工尺字中，有板眼、圈点、竖道、横道、人字诸号，其号不同，板眼亦有异，有三眼一板者、有一眼一板者。今将圈点竖道横道人字之义，详解于下。
>
> 一、圈者，乃打鼓之号，圈间空中连打二下，板上空中打一下，板下点间加打一下，是为三眼一板者，或点间打一下，板下与次点下，各打一下，是为一眼一板者。然此事，不能一目了然，必有明师指教方可。二、凡有圈点之字，歌之宜长，无圈点者，歌之宜短。三、横道加点者，示按前字，当多歌两板之处。四、人字乃底板，唱时但歌其音，不吐其字，奏乐时亦当奏如人上之字。○、｜— —
>
> 人

《清音谱》共 31 首乐曲，按名称有宗教乐曲和民间曲牌之分，宗教乐曲有初行功夫、天主经、圣母经、奉事圣母经、已完功夫、钦敬圣体仁爱经、举扬圣体、卑污罪人、申尔福、天神歌，民间曲牌有十番谱亮调、前风韵、折桂冷、中风韵、雁儿落、挂玉钩、七弟兄、收江南、川拨掉、南雁儿落、梅花酒、园林好、沽美酒、后风韵、朝凤、清江引、百鸟朝凤、水龙音、八板、将军令、到夏来。用音乐会演奏天主经、圣母经等宗教乐曲实际是前文提及的"吹经"环节，乐曲是换了天主教名称的民间曲牌，其对应有固定的祈祷经文。笔者在其他地区见到的抄本中，见到配有经文的工尺谱，以便信徒看谱唱经。（谱例 5-6）

这些音乐会的曲目曾盛行于北方各地天主教会，至今仍有保留，如内蒙古中西部地区天主教音乐会的民间曲牌有收江南、后收江南、前风韵、中风韵、后风韵、沽美酒、清江引、折桂令、豆叶黄等。（南鸿雁 2001:32）北京通州贾后疃天主教音乐会的宗教乐曲有初行功夫、圣母经、举扬圣体、卑污罪人、已完功夫、天主经、钦敬圣体、大申尔福、小申尔福，民间曲牌有老八板、将军令等。（赵晓楠 1994:62）陕西关中地区天主教音乐会（当地称"天乐会"）的宗教乐曲有圣母经、光荣经、祭撒，民间曲牌有小开门、急毛猴、柳青娘等。（刘劼 1988 : 14）山东地区的天主教音乐会据察源于河北，其宗教曲目有初行功夫、已完功夫、奉侍圣母经、圣母经、三蒂西玛、大圣母经、长大圣母经、加字圣母经、又圣母经、圣圣圣、钦敬圣体、卑污罪人，民间曲牌有高调溜溜锦、小红玉、小开门、小花园、金香炉、挂鱼钩、武牌、金龙八板、清江乙、歌蹦调、颜回曲、敬母试子、太平调，还有一类谱字曲目如合四合、合四凡、小尺上五、大尺上五、尺上五、五乙六等。（周莉 2005:56-57）笔者在山西各地搜集到的多种音乐会工尺谱抄本，曲目大同小异或多或少，其抄本有些无板眼，有些板眼齐全，有些则配有经文，宗教乐曲有天主经、圣母经、要板圣母经、举扬圣体圣血祝文、信经、圣体诗、卑污罪人、举扬圣体、举扬圣爵等，民间曲牌有得胜令（鼓）、小开门、急毛猴、柳叶青、鸡毛虎、小十番、顶上花、上山虎、下山虎、水月连镇、水选连阵下山虎、午月稍、小乔哭周瑜、小去工、登殿等。陶亚兵在他的《中西音乐交流史稿》中也提及：

> 笔者 1990 年在山西祁县采访时见到了当地的天主教礼拜仪式（作弥撒）上使用二胡、笛子、笙、唢呐等民族乐器奏乐。当地教

会中主持音乐活动的长者满喜介绍说，这种作法是从长辈们那里一代一代传下来的。依其口碑，这种作法应该在20世纪初就已经开始了。笔者在当地还访得一本抄成于1928年的弥撒歌曲集《圣教音乐谱》，该谱以民间工尺谱抄成，共有弥撒歌曲《初行功夫》、《天主经》、《圣母经》等10首，其又后附10首乐曲《八板儿》、《梵王宫》、《小开梅》、《大开梅》、《急毛猴》、《柳叶青》、《万年花》、《德盛歌》、《等板儿》和一首《洋曲》。这些乐曲只有字谱没有板眼，所以这首西洋乐曲还不能确定是何名称，或许是当年从西洋弥撒曲中选译成工尺谱的。这些弥撒歌曲至今仍为当地的天主教会所传唱，只是这些歌曲一经信徒们的歌唱，便充满了中国音乐的韵味。至于那些中国民间乐曲，想必也是在弥撒仪式规程中被演奏的吧。（陶亚兵1994:186-187）

这些乐曲的源头多与河北有关，而今能找到的最早史料就是《清音谱》。天主经等宗教乐曲在一些地方被称为"经谱"，民间曲牌被称为"玩谱"或"花谱"。前者用于"吹经"领诵，后者或在两段经文之间转折连接，或用于葬礼等。

《清音谱》中的宗教乐曲用于早晚课祈祷经文和拉丁弥撒仪式中的部分经文诵念，天主教信徒每日诵念的传统早晚课经文包括小圣号经、五拜礼、大圣号经、初行功夫、感谢经、荣福经、天主经、圣母经、又圣母经、信经、解罪经、悔罪经、天主十诫、圣教四规、求恩经、（晚课另加每晚省察、省察毕诵、天主经、圣母经）信德经、望德经、爱德经、已完功夫、五谢礼、七祈求。

"初行功夫"和"已完功夫"是经课开头和结尾的正篇祈祷，构成完整的篇幅。"初行功夫"经文为：伏望吾主。我等功行。宠照先之。辅翼前进。使我凡诸祷者。行者。常自主肇。又赖主讫。为我等主。基利斯督。亚孟。"已完功夫"经文为：至仁至慈天主。恳念卒世童贞圣母玛利亚。及诸圣人圣女。祝祷勋劳。俯录我等。仆隶微绩。凡我所为。或可取者。惟悯视之。其有惰行。惟宽恕之。吾主天主。乃生乃王世世。亚孟。（谱例5-6,5-7"初行功夫"）

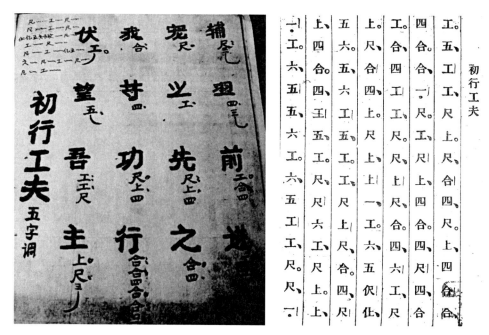

（谱例左 5-6："初行功夫"，配有经文的音乐会工尺谱抄本，山西太原六合村天主堂）
（谱例右 5-7："初行功夫"，1934 年献县天主堂版《清音谱》）

　　"天主经"和"圣母经"是经课和仪式中诵念最多的祈祷经文，其配制的音乐也较长。在拉丁弥撒中，音乐会根据仪式进行的时长和神父的手势截取这些乐曲的长短加以配合。有关圣母系列的祈祷经文很多，《清音谱》中仅编录"圣母经"、"奉事圣母经"和"又圣母经"（申尔福）三首，在其他地区的抄本中可见多类相关乐曲。

　　弥撒中最重要的礼仪环节是圣体血之仪式，神父"举扬圣体"和"举扬圣血"并"成圣体血"，成圣体后诵念"钦敬圣体仁爱经"，此环节《圣教日课》特注"铎德捧圣体转身向众诵经时。众即鞠躬拊心三次。虔诚缓诵卑污罪人。祈望耶稣二段。铎德送完圣体回祭台时。众念已领圣体敬拜爱心等诵。至弥撒下台。"信徒诵念"解罪经"、"卑污罪人"等所有经文都匹配有音乐会演奏，领圣体时音乐会演奏民间曲牌"将军令"（又名得胜鼓）并配合程序反复或缩减音乐。（谱例 5-8"将军令"）

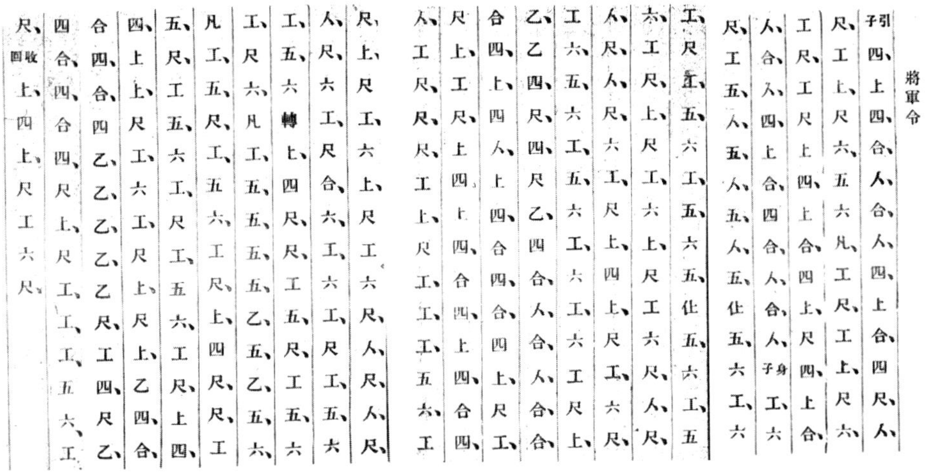

（谱例 5-8："将军令"，1934 年献县天主堂版《清音谱》）

《清音谱》作为天主教音乐本土化最典型的时代产物，是近代中国信徒表达信仰情感的文化方式体现，它兴于 19 世纪末 20 世纪初，最后逐渐衰于 20 世纪末。

二、《圣乐练习》

天主教自传入中国极少见教堂器乐相关书籍出版，笔者得到《圣乐练习》纯属偶然。该书由北京宣武门南堂张广泰老师提供，这是他在 20 世纪 20-30 年代位于北平西什库天主堂旁边的法国圣母会学校上学时的音乐教材，至今他仍使用这本书在教堂进行琴师培训。

据 1907 年版翻印的《圣乐练习》第一册，是翻译成中文的法国教堂风琴原理和实践教程，该书是管风琴学校的第一本教材。编者 L.Raffy 的相关资料不多，在 Biographical Dictionary of the Organ 网站上查到他的全名是 Raffy, Antoine Louis，1868 年出生于法国。他出版的管风琴系列教材 Organistes célèbres et grands Maîtres classiques 有 6 册，风琴系列教材 Ecole d'Orgue ou Harmonium 有 3 册。

风琴 Harmonium（鼓气簧风琴），是小型便携式簧风琴类的一种。19 世纪初期出现至中期发展完善，主要目的是替代大型管风琴为教堂赞美诗伴奏，因便携和价格低廉非常受家庭和教会学校的欢迎。19 世纪末期风琴随西方传教士大量引进风琴，在中国的教堂、学校、中产阶级家庭以及交际场所广泛流行起来。人们很喜欢用这种西洋乐器，并用之弹奏民间乐曲还为传统戏曲伴奏，这造成风琴一时供不应求，北京天津等地因此出现了一些国产风琴厂家以满足社会需求。20世纪初期曾出版了一些风琴教材，如铃木米次郎编《风琴教科书》、索树白编《风琴教科书》、丰子恺编《风琴名曲选.西洋名曲集》、大兴居士著《大正风琴箫谱精华大全》、沈允升编译《弦歌中西合谱》以及《清国俗乐集》、《风琴戏曲谱》等。

《圣乐练习》是至今笔者所见唯一一本中文版教堂风琴专用教材，据张广泰老师所说本书译者应为北平的法国圣母会修士。该书是管风琴学校的第一本教材，仅谈及风琴部分。序言中说明编著此书的目的：

> 据我们所知，目前尚无较完整的、确实可行的风琴教程；一些过于繁复，令学生见而生畏；另一些过于庸俗化，把风琴看做沙龙的玩物，因而使它失去了它本来的命运："圣教音乐"。针对为了"圣教礼仪"而设计的风琴，我们尽力编著一本教程，使学生在其中能得到对圣乐情感有所发展的素材，并同时进入管风琴的真实境地。为此，我们尽力所能及，在古今音乐大师的作品中选取代表作。这些大师是：：S.巴赫、亨德尔、棱克、师乃德尔、非舍尔、赛撒弗朗克、TH 杜伯克、A 给肋芒等。人们也许会感到惊异，为什么一些赫赫有名的作家如贝多芬、海顿、舒伯特、舒曼、肖邦等未被列入。理由是：他们中间写了少数的宗教歌曲，但对管风琴却无所贡献。我们信守教宗比约第十的谕令：驱逐一切不具有真正圣教情感的音乐……

序言还特别说明，在当时的欧洲，天主教之圣乐有何样的境遇和教育状况：

> 现在请允许我们陈述我们久已渴望实现的夙愿。即在修道院内成立严肃的圣乐班（额我略曲及现代音乐），并如同国外某些高等院校和全德的基督教高等院校一样，给与圣乐一席之地。（S.巴赫曾任莱比锡基督教大学音乐系主任）圣乐与圣教礼仪紧密相联，而这作为礼仪中重要的部分却往往被忽视。在多数的修道院里，人们只能在课余时间练习，用的是不合格的风琴。既无导师，又无教本，马马虎虎地、错误地重复由前辈听来的东西。为此在神职人员内几乎没有圣乐得知识，即便或有天赋之才，可以肯定他缺乏基础音乐知识。一位本堂神父在这样的栽培下，怎能适当地并宗教般地指导堂内的音乐呢？可惜，常有这样的事情发生：一位自觉无能为力的神

父请来一位自誉为音乐家的人来负责堂内音乐，由于对圣乐的和弦与风琴音栓的滥用，常常遭到批评与耻笑，或听到不够完善的作品的演奏。这就是一些堂口的情况，如何能是信友们有所感受呢？形式需要严肃的改革，我们有责任响应教宗比约第十自登基伊始的发动和训谕。一位好本堂神父可能会这样唠叨："并非因此而得救啊！"他或许有理，但这不是一个吸引信众对圣教礼仪逐渐增厚感情的方法吗？在一些教区里，特别在比利时，为了净化圣教歌咏班，成立了专门的委员会来定制管风琴的作品、弥撒曲、圣歌等。以期在着重艺术的同时净化圣教的风格，并不吝惜地抛弃任何著名作家的不合乎上述两个条件的作品。为了我们不幸的听觉，并为了天主更大的光荣，我们祝愿这些教区将有大量的追随者……

全书共有两部分，文字说明处为中法文对照。第一部分风琴概况，从性质、鼓风系统、键盘、簧片、JRUX、音栓六个方面介绍风琴的原理，并说明演奏者的姿势、指法、连奏和风琴的维护等，部分讲解配有图片。对该乐器的定性特别强调如下：

> 风琴首先是圣教的法定乐器，它适用于敬礼的各种礼节，无论伴奏歌曲或独奏，都呈现优美而持续，充实而雄壮的音质。说它是圣教灵魂的一部分，不为过分。尤其是管风琴，是圣教礼仪最适宜的乐器，没有它，礼节将显得格外冷落。风琴的本质就是宗教性的，无论由艺术的观点或用途上，一切歌曲或舞蹈，柔美或激动的俗化作品，都不适于用它来演奏。

第二部分理论与实践，包括音乐的定义、音符名称、谱号、鼓风均匀（不适用表情栓）、音符的相对时值、五音上的练习（简单的指法）、诵读练习、节拍、五音上的练习、二重奏课、休止符、广泛的练习（紧缩指法）、全音和半音、变音符号、二重奏课（EUX PARTIES）、音程、附点、练习（伸展指法）、音阶调式、二重奏课 ES、组成符号、拇指的运用、强拍与弱拍、切分音法.切分音法、二重奏 A DEUX PARTIES、音阶的预备练习、速度、复拍子、二重奏课（关于 6/8、9/8、12/8 等拍节）、双音练习、换指指法、三重奏课 TROIS PARTIES、四重奏练习、四重奏课 IES、表情、其他标志 RS、表情鼓风、音阶中各音的命名、调式理论（大音阶及小音阶）、等音、如何辨认乐曲的调式、转调、三连音六连音、装饰音、音程的变化转位、不同音程的音阶的学习、曲型与技巧的学习、合唱、模仿、FUGUE、人声的类别。每一细目都配有不同音乐表情和不同数目的练习谱例，每段最长不超过 20 小节左右，短小精练利于初学琴者。

在最后的法文索引中，附有后续两册教材的内容。第二册是弥撒仪式歌咏，共六部分，分别是 Entrée（进堂咏）、Offertoire（奉献咏）、Elévation（举扬圣体）、Communion（领圣体）、Sortie、Antiennes;Versets;Interludes;etc（遣散礼、赞美歌、经文、间歇等）。第三册是素歌（格里高利圣咏）伴奏，共 11 部分，分别从素歌起源、记谱法、节奏、调式、伴奏 、八调式和声、移调等方面详述。

（图片 5-4：《圣乐练习》摘选，据 1907 年法文版）

第六章 现当代的礼仪音乐

第一节 现代时期

一、国际背景——梵蒂冈第二届大公会议

1962 年 10 月 11 日，教宗若望二十三世在梵蒂冈圣伯多禄教堂召开梵蒂冈第二届大公会议（以下简称"梵二"），至 1965 年 12 月 8 日先后共举行四次会议。大会共投票表决通过 16 个档、9 个法令和 4 个宪章，从各方面对内实行全面改革，对外向世界开放。梵二会议的系列革新意义深远，使整个天主教会与现实社会积极对话。

1963 年 12 月 4 日梵二会议《礼仪宪章》（Constitutio De Sacra Liturgia Sacrosanctum Concilliun）的颁布是天主教礼仪改革的重大举措，也是天主教礼仪千年历史以来最关键性的转变。《礼仪宪章》共涵盖七章：整顿及发扬礼仪的总则、论至圣圣体奥迹、论其它圣事及圣仪、论神圣日课、论礼仪年度、论圣乐、论圣教艺术及敬礼用具。宪章涉及教会礼仪的两个层面：研究礼仪的神学意义使一套稳固坚实的礼仪神学理论定基，由此引申出另一层面即礼仪对民众的牧养精神，这使得教会舍弃千年来繁复的外表仪式和礼规经文，而触及礼仪的精神内涵使教会礼仪回到民众当中。宪章最重大的决定是允许拉丁文译成地方语言，并编订地方性的礼规。自此，传承千年的拉丁礼仪其外化的神秘性和神职人员对之独霸性的局面被彻底改变。宪章特别强调礼仪的多元化和地方教会的重要性，在举行礼仪时应依照各地方教会本民族和地

方特性，这是历史中天主教会完全从平信徒民众的信仰需要角度考虑，对礼仪全球本地化最官方和最郑重的许可。

关于圣乐，梵二会议颁布了两份相关文献：《礼仪宪章》第六章"论圣乐"和《礼仪圣部训令》之"论圣礼中的音乐"。《礼仪宪章》第六章"论圣乐"专门谈及教会音乐的革新问题，此文件虽然仍强调格里高利圣咏（额我略歌曲）的首要位置，但允许各地教会用本地方言演唱并创作圣歌，教会音乐的发展自此彻底实现全球本土化。该章从圣乐的尊高、隆重礼仪、音乐训练、出版额俄略歌本、民众化的宗教歌曲、传教地区的圣乐、管风琴及其它乐器、作曲家的任务等八个层面定论天主教音乐。《礼仪圣部训令》之"论圣礼中的音乐"再次强调圣乐之目标是"光荣天主及圣化信友"，说明其涵盖范围有额我略曲、新旧各种合唱曲、管风琴及其他许可乐器之圣乐、以及具有礼仪性及宗教性之民间流行圣歌。训令从论几种普遍规则、论在礼仪中有职务的人、论在弥撒中歌唱、论日课经的歌唱、论举行圣事、圣仪、圣教年历之特别行为、举行天主圣言及其他神工时的圣乐、论以歌咏举行礼仪时所应采用的语言，及当保存圣乐的遗产、论为本地语言配制歌调、论圣乐的器乐、圣乐委员会等九个层面细述。

梵二会议结束后，在完善会议精神的基础上逐一建立改革的组织机构，并从 1968 年开始全面修订圣事礼本、日课经、圣教年历，至 1973 年底完成。礼仪改革的实质内容逐步落实到全球各国的天主教组织，平信徒能以自己熟知的语言和音乐赞颂歌唱的本土化行为掀起了民众参与的极大热情。虽然天主教会仪式和音乐的发展从古至今都广泛而不可避免地有本土化的实践，但官方教会自梵二会议之前从未有过首肯的态度，更多是以反对和一统的方法避免异化。梵二会议的创举使各地民族的语言和传统音乐终于可以登入教会圣堂，但对传承千年的拉丁仪式和格里高利圣咏造成灾难性的冲击。面对当今教会音乐圣俗共享异彩纷呈的现状，现任教宗本笃十六世强烈表达维护传统的意愿，一股复苏古老拉丁仪式的风潮正悄然兴起并愈加兴盛。历史的钟摆似乎再一次回转，人们将拭目以待未来的发展。

二、国内境况——沉寂时期

当天主教礼仪音乐正适应着国际大背景如火如荼的改革浪潮时，中国的政治局面已迎来翻天覆地的千年巨变。1949 年中华人民共和国成立，所有外籍传教士被驱逐或撤离，中国天主教会面临复杂动荡的社会形式。此时，断绝与外国的网络、撇清"帝国主义"与教会的关系成为本地教会最主要的生存动向，中国天主教爱国会成为一个全新的本土范例。此时期仪式中的点滴环节也反映出这一大局势的惊人转变，例如新的中文宣誓词（与梵蒂冈断绝关系、向祖国宣誓等），但在音乐层面并未有何变动，汉字注音的拉丁文经文及歌咏仍是主角，本土化的教会音乐发展直至当代宗教政策落实之后才全面展开。

建国初20世纪50年代期间，无神论的共产党和有神论的天主教相处较为平和。1951年至1954年间，河北献县张庄主教座堂作为召开会议、演出文艺节目的礼堂使用，堂内经常举办欢送光荣应征入伍的志愿军新战士。1951年国际劳动节，河北保定市各界举行抗美援朝大游行，天主教会和基督新教会组织的宗教界游行队伍以及教会学校队伍也参与其中：

> 游行队伍的前面，是由三十面红旗组织的方阵，真道和志仁小
> 学的鼓号队合奏着军乐进行曲……一个由八十名医护人员组成的秧
> 歌队为游行增加了节日色彩，他们画着装，踩着鼓点，载歌载舞。
> 身着修会服装的修女们更加引人注目……王英"天主教保定教区简
> 史"（河北文史资料选辑 1986：222）

1952年北京文声大修道院仍然举行正常的宗教活动，修士们每晚聚集在大院内的圣母像前高唱"回忆"一曲，该曲由一位返回欧洲颇有音乐造诣的教授为之谱写。1954年修院解散，1958年改为北京市党校。改校后的一段时间内每逢礼拜天，教堂仍然钟声大作，远近信徒齐聚党校内的天主教堂唱圣歌、听布道。（高智瑜、马爱德 2001：67、93）

1957年6月，来自全国26个省市、100多个教区的神职及信徒代表241人，在北京参加了中国天主教第一届代表会议，随即各教区开始自选自圣国籍主教。1958年掀起献堂献庙运动，教堂被上缴国家，大部分教会藏书转移各图书馆，管风琴被拉走各处。1962年北京召开全国天主教第二届代表会议，但初露新貌的中国天主教会工作尚未铺展，政治舞台已风起云涌，1963-1966年四清运动开始，全国宗教活动停止，部分教堂还保留有周日的早弥撒仪式。随后退教运动及文化大革命开始，神职人员被革清、教堂被毁、资料尽焚，教会自此陷入一片瘫痪混乱的状况。[1]信徒们无法进行正常的宗教活动，但宗

---

[1] 可从1966年中共太原市委四清宗教办公室编印的系列批判天主教的材料中了解当

教信仰却并没有消亡。在采访中笔者了解到，此时部分信徒开始背教，部分虔诚者偷偷在家中念经，但一些明显的动作如划十字圣号之类不敢表露出来，更有胆大者或独自或召集几人在家中或寻到极为隐秘的地方定期聚集过简单的宗教生活。除此之外，人们还有一些保持宗教信仰的办法：

> 当时他们用"神望弥撒"、"神领圣体"、"发真心痛悔"和"默念经文"等方法过着宗教生活。所谓"神望弥撒"、"神领圣体"，就是他们在心里想着"望弥撒"，想着"领圣体"。天主教信徒相信，在无法"望弥撒"、"领圣体"的情况下，"神望弥撒"、"神领圣体"和到教堂"望弥撒"、"领圣体"的"功劳"是一样的。"发真心痛悔"也同样，在无神父，不能向神父告"罪"的情况下，它和向神父告"罪"一样，能获得"罪的赦免"。天主教信徒常口诵"早课"、"晚课"等经文。十年动乱中，有些虔诚信徒怕自己口诵经文被发现后挨批斗，或者在无人看见的地方口诵经文，或者在即使有人看见的地方不动口不出声地在脑子里想着念经文。这样地在脑子里想着念经文，他们叫做"默念"。到教堂"望弥撒"、"领圣体"、向神父告"罪"和口诵经文等是看得见的，"神望弥撒"、"神领圣体"、"发真心痛悔"和"默念经文"等是看不见得。信徒把宗教信仰深深地藏在心中，用"神望弥撒"、"神领圣体"、"发真心痛悔"和"默念经文"等方法过宗教生活，就是看得见的宗教没有了，但看不见的宗教仍存在着。（顾裕禄 1989:160-161）

时的舆论状况，如《天主教神职人员在太原的罪恶活动》、《解放以后天主教是帝国主义和国内发动阶级复辟的工具》、《天主教是帝国主义侵略的工具》、《天主教"信德道理"是麻醉信徒的鸦片》、《怎样认识天主教的反动本质》、《天主教用"灵魂"、"天堂"、"地狱"的说法使劳动人民放弃革命》、《天主教宣扬"天主"、"耶稣"、"圣母"使劳动人民为反动派作牛马》、《天主教"十戒"批评》、《义和团反帝运动和天主教》、《天主教的"圣人"、"圣女"是些什么货色》、《天主教的宗教仪式是愚弄、控制信徒的手段》等。这场浩劫中，又发生了一系列骚乱，其内容可参文革小报《揭开触目惊心的 65 年太原市天主教反革命的内幕》，作者为山西革命造反兵团、红旗纵队、三中烈火 1967 年。

第二节　当代时期（1980～至今）

一、宗教政策落实初期

1979 年中共十一届三中全会宗教信仰自由的政策逐步落实到各地，消匿沉寂近 30 年之后的中国天主教重获新生。全国各地的教会陆续恢复正常宗教生活，修复教堂、收复教产等多项工作也逐步展开，很多地方的信徒呈爆发式增长趋势。各教堂刚刚恢复的弥撒祭礼虽然短缺各类宗教用品，但压抑多年的巨大热忱使深藏在神父和信徒们心底的祷文圣歌和弥撒经课都如井喷式爆发，面对浩劫之后各地恢复初期的宗教仪式，人们莫不热泪盈眶，虔诚动天。1979 年被文革期间占作工厂的太原总堂归还教会，张信神父做了第一台大礼弥撒：

> 那时圣堂内正在清理"文革"期作为工厂搬走后剩余的垃圾，不能进去行圣事，临时在圣堂祭衣所外面，主教楼与西楼拐弯处，放一小桌，上铺白布蜡烛和花各一对，中间供奉一个木制十字架，张信神父就在这样简陋的祭台上做弥撒，西楼与主教楼的走廊挤满了信教群众，主日大礼弥撒需要歌唱，笔者站在两楼的拐角处，左右手指挥两边走廊的教友唱拉丁文天神弥撒（Missa de Angelis）和其他教友们会唱的圣歌，比较整齐。能进入圣堂内行祭时，因为还没有祭台，用木棍、竹条、铁丝编一网状，遮一块白布，白布上面别一些纸花，作为过渡时期的临时祭台，做弥撒、圣体降福。（李毓明、李毓章 2006:95）

20 世纪 80 年代初期的《中国天主教》期刊，连续数年刊载全国各地天主教开堂过大瞻礼的盛况，以及中国天主教会表明脱离梵蒂冈教廷坚持自选自圣的原则。1980 年 5 月中国天主教爱国会第三届代表会议在北京召开，山西省天主教爱国会主任宋建勋神父在会上简单汇报山西太原市贯彻落实宗教政策的情况。1980 年 4 月 6 日，太原总堂举行了恢复后的第一个复活节瞻礼，同时开放了四个堂口和一个活动点，全市 98% 的信徒过了宗教生活，城郊各堂点陆续开放等情况。1981 年圣诞节河北献县教区张庄主教座堂修缮完毕重新开放，当日午夜自次日凌晨 6:00 左右，在堂院临时搭设的祭台上有四位神父轮流主祭，七支歌咏队交替咏唱，参与弥撒者 4000 人次，上午 9:00 举行五六品大礼弥撒，礼毕又举行圣体降福。（天主教献县教区 2003：13）

此时期梵二会议礼仪改革的训令已经基本落实到全球各地天主教会，但基于国内的特殊情况，迟迟未能与国际接轨的中国天主教会在恢复初期的音乐礼仪基本是延续近代时期的传统拉丁式。1979 年 8 月 15 日北京宣武门圣母无染原罪主教座堂的圣母升天节大瞻礼，从头一日下午起信徒就陆续进堂办神功，瞻礼当日有大弥撒和傅铁山主教主持的公弥撒，在京的中外信徒约有3000 多人参加，公念经文、唱经班唱传统的拉丁弥撒和中文、拉丁文圣歌，下午又举行主教降福以及坚振圣事。(中国天主教 1980 年 1 期:59) 1980 年太原总堂修缮后的第一次复活节瞻礼庆典，有 200 余名青年组成的唱经团演唱二部和声弥撒，晚上有大弥撒和圣体降福。(中国天主教 1981 年 3 期：49-50) 1981 年内蒙古乌盟玫瑰营、圣家营和望爱村三个地方同时举行复活节大瞻礼弥撒：

> （一）玫瑰营聚来五千多教友，他们怀着喜悦的心情，穿着节日的盛装，陆续来到装饰一新的大堂。堂内灯光辉煌，祭台上摆满了各色花束，金色大腊台在灯光照射下闪闪发亮。两台小弥撒之后，接着五、六品大礼弥撒在唱经声和"音乐"伴奏声中隆重地开始了……弥撒后，举行了圣体降福。最后为被挤在堂外的或来不及望弥撒的教友补做了一台小弥撒。教友们喜欢地说："这回可满足了要求"。乌盟地区多年没有圣水，今年望复活祝圣了一大缸圣水（约合六百公斤），教友们手提各种容器，井然有序地恭取圣水。（二）胡瑞二位神父分别前往圣家营和望爱村两地给教友送弥撒。两地各举行了大礼弥撒，弥撒经均由熟练多年的老年教友领唱。如望爱村有位 80 岁的老教友，他精神振奋，领唱经文，声调老练，感人至深。两地望弥撒的教友约三千人，其中领圣体的约有六百人左右。(中国天主教 1982 年 2 期：51)

农村信徒欢庆大典的方式仍然和前文中提到的近代模式基本一致，如 20世纪 80 年代太原教区首位自选并受天主教全国两会自圣的正权主教张信神父，受邀到太原农村为信徒们举行隆重的主教大礼弥撒并接受祝贺：

> ……张信主教在太原市南北郊区及市属阳曲和清徐两县所属的十大堂口，接受了三万余农村教友的祝贺。这十个堂口都由教友俩修理得焕然一新。张主教每到一堂口，教友们夹道欢迎。有些欢迎队伍长达两华里，以十字架为前导，每人手持信经旗，高唱圣母祷

文及圣歌，在乐队和爆竹声中，将张主教迎接到各堂口的圣堂。张主教在各堂口都做了主教大礼弥撒。在六合村，为了照顾上班生产的教友，主教大礼弥撒做了两次，三万余教友望了主教大礼弥撒，近两万教友亲了主教权戒。在太原教会历史上，农村没有做过主教大礼弥撒，35 岁以下的教友根本就没有见过主教。因此，教友们在祝贺主教的贺词中说：这是宗教信仰自由政策贯彻落实的结果，是独立自主自办教会的成绩也是中国神长教友多年来同罗马教廷斗争的胜利……（中国天主教 1982 年 5 期：55-56）

自各地堂口陆续开放以来，修院等神学教育机构也逐步恢复。1983 年 9 月 24 日全国性的中国天主教神哲学院在北京正式开学，学制六年，设有要理、神修、神学、哲学、拉丁语、历史、音乐等课程。1985 年 4 月 21 日，山西省天主教备修院在太原市圪寮沟村举行开学典礼。山西省天主教爱国会主任宋建勋神父发言，表述了重建后的中国天主教教育脱离外国势力支配、独立自办的原则。北京、上海、沈阳、武昌等各地修院在此时期纷纷开办。至 20 世纪 90 年代，天主教会的发展进入复苏期，教务工作全面展开，西洋的天主教文化全面本土化的时机到来，为世人显现了一个迥异与旧时代的新面孔。

二、当代的中文礼仪

20 世纪 60 年代梵二会议召开，官方宪章颁布允许教会使用各地方言举行圣礼。这一重大变革举措在中国的实施时至 20 世纪 80 年代宗教政策落实之际，拉丁礼仪向中文礼仪的转变在 20 世纪 90 年代逐步完成。1989 年在上海畲山修院举行了第一台中文弥撒礼仪。1993 年北京召开全国主教代表大会，会议通过各教区可以按情况推行中文礼仪。自此用中文举行天主教圣礼，历经数百年终在中国土地上变为现实。

天主教弥撒仪式遵循统一严格的条规，其内容载于罗马教廷版的弥撒经书。20 世纪 60 年代梵二会议修改《罗马弥撒经书》，至今有 1975 年和 2000 年的两次修订版。台湾及港澳地区由于未受大陆政治风波的影响，其中文礼仪的变革紧随梵二会议的号召早于大陆二十余年，相应规范的本土化内容也领先一步，其各方面均成为现今大陆天主教界的模板。20 世纪 80 年代初期，台湾地区主教团礼仪委员会根据梵二精神编译一套三卷繁体竖排版的中文弥撒经书，这套礼仪用书推广至全球华人天主教会。至 2008 年大陆教会的弥撒经书一直使用海外探亲回国的天主教人士带回的台湾版中文弥撒经书《感恩祭典》。1994-1999 年上海教区编印关于感恩祭典中的"弥撒经文"部分，并出版上海版《主日弥撒经文》和《平日弥撒经文》赠予各地教会，以缓解经书不足问题。中文礼仪通行的十几年前期，大部分教会以台湾版本经书为主，而后期时间部分教会使用上海版的内容。2005-2006 年首版根据台湾繁体版修订的大陆简体横排版的日弥撒经书《感恩祭典》一卷三册限量出版，至 2008 年河北信德社将之编纂成横排简体字版印刷出版以供使用。

　　港澳台华语地区的中文弥撒仪式（又译感恩祭）规程一致，仅在翻译等微小细节上略有不同。仪式包含四部分：进堂式、圣道礼仪、圣祭礼仪（准备献礼、感恩经和领圣体礼）和礼成式，音乐选曲根据礼仪内容决定。以下示例天主教香港教区礼仪委员会 2003 年修订版的《颂恩——信友歌集》，内附表"感恩祭程序及选曲原则"，其翻译名称有所不同，如开端礼（进台式）、悔罪经（忏悔礼）、荣福颂（光荣颂）、亚孟（阿门）、遣散礼（礼成式）等：

	按当日礼仪	常　用	诵念或咏唱	选　曲　原　则
开端礼	1. 进台咏			1. 进台咏目的乃要聚集天主子民，来到上主台前。应按当日礼仪选曲，曲调宜用进行曲式；亦可保持静默。
			2. 致候词	2. 致候词：在大庆典中，如主祭能力所及，可以咏唱，平常可用对答形式诵念。
		3. 垂怜经	3. 悔罪礼	3. 可诵念或咏唱。咏唱方式按悔罪礼的方式而定：如用悔罪礼第一、第二式，可在悔罪礼后，用众唱或领唱方式咏唱垂怜经；如用悔罪礼第三式，可将垂怜经分三段咏唱。
		4. 荣福颂		4. 在大庆典时，信友可一起咏唱；如果团体能力不及，可以分段，每段后用一重句答唱。亦可一起诵念。将临期，四旬期及圣周取消。

		5.集祷经		5. 在大庆典中，如主祭能力所及，可以咏唱；亦可诵念。
圣道礼仪	7.答唱咏		6. 第一篇读经	6. 由读经员宣读。选自旧约经书（复活期则用宗徒大事录）（读经后静默片刻）
				7. 答唱咏可取多种方式进行，按当日礼仪选曲及决定进行方式。圣咏乃上主的话，故不能选取任何歌曲代替，应选当日礼仪所定的圣咏或其它一首合适的圣咏。咏唱时：可用领唱、答唱、齐唱、独唱而众人默思等方式。诵念时：可用对答形式诵念、领答诵念或一人朗诵而众人默思等方式。甚至有时可用一段音乐或静默，一起默思上主的说话。
		9. 福音前欢呼	8. 第二篇读经	8. 由读经员宣读。选自新约宗徒书信。（读经后静默片刻）
				9. 是圣道礼中首选众人齐唱部分。如不咏唱阿肋路亚，则可省略。如有圣经游行，可重复咏唱。（四旬期及圣周：愿光荣）
			10. 福音	10. 由执事或司铎宣读。选自新约四福音。
			11. 讲道	11. 讲道后静默片刻。
		12. 信经		12. 是天主子民表达对上主的信念。可选用宗徒信经或尼采亚信经。在大庆日及团体能力所及时，宜众人齐唱或轮唱，又可分段以答唱方式重唱答句，亦可诵念，或采用复活前夕中的重申领洗誓词。

		13. 祷文答句	13. 信友祷文	13. 按庆典及所预备的祷文选用答句。可以咏唱或诵念答句。在隆重庆典中及有适当人选时甚至可以全部咏唱。
圣祭礼仪	预备祭品	14. 预备祭品歌		14. 可以用适当歌曲，伴随着预备祭品的行列，也可以保持静默。
			15. 献礼经	15. 又主祭诵念；在大庆典及主祭能力所及时可以咏唱。
	感恩经	16. 圣圣圣	感恩经文	16. 感恩经在大庆典，如主祭能力所及时可以咏唱。主祭先邀请信众感谢上主；欢呼词是整个团体对上主的颂赞，故是感恩圣祭中首选由众人齐唱的部分。
		17. 信德奥迹		17. 信得奥迹也是感恩圣祭中首选由众人齐唱的部分。
		18. 亚孟	18. 赞颂词	18. 赞颂词由主祭及共祭者一起咏唱，信众齐答唱亚孟。是感恩圣祭中首选咏唱部分。
	领主礼	19. 天主经		19. 天主经是信众为预备领圣体与基督一起向天父的祈祷，故咏唱时必须众人一起咏唱，亦可诵念。
		20. 天下万国		20. 天下万国是天主经的结束，故诵念天主经时此经文亦该诵念。
			21. 平安礼	21. 如主祭能力所及，可以咏唱："愿主与你们同在"……
			22. 羔羊颂	22. 羔羊颂：在主祭分饼时咏唱，可以重复咏唱至分饼完毕。也可诵念。
		23. 领主咏		23. 可选用适合的圣体圣歌，亦可保持静默，或用音乐伴随领圣体行列。

	24. 领主后咏		24. 领圣体后，可咏唱一些适合的圣体或谢恩圣歌，或保持静默。
		25. 领主后经	25. 领主后经：在大庆日，如主祭能力所及时可以咏唱，平常诵念。
遣散礼		26. 堂区报告	
	27. 亚孟	27. 祝福词	27. 大庆日，如主祭能力所及，可以咏唱。亦可由主祭诵念祝福词，而信众齐唱或齐答[亚孟]。
	28. 礼成咏		28. 按当日礼仪选曲，有时亦可保持静默。

（图表 6-1：感恩祭程序及选曲原则，香港教区礼仪委员会 1985：封里）

相关中文天主教礼仪及其音乐的内容，可参蔡诗亚主编的《圣乐文集》以及香港教区礼仪委员会编辑的《礼仪小组书册》等书。《圣乐文集》分为指引篇、礼仪篇、历史篇、分享篇和圣言篇五部分共计 34 篇文章，从各层面论述天主教教堂音乐，具有一定的理论性和实用性。

第七章　当代的音乐组织与群体

　　天主教严格规范的管理制度使调查者能够较便利地理解教会音乐的组织结构模式，音乐为礼仪服务的本质则体现在安排与实施的每处细节之中。以太原教区为例，各堂区均组建有唱经班（歌咏团）、铜管乐队、锣鼓队、腰鼓队、民乐队等音乐团体，其隶属于堂区礼仪中心（部）管理，之上由副本堂司铎负责，组织结构层层严谨有序。下为太原教区六合堂区的组织架构图：

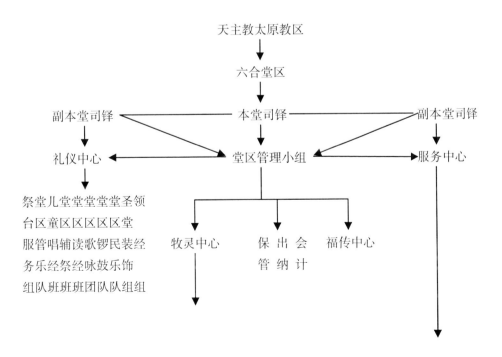

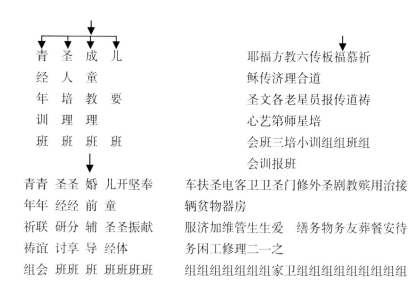

青　圣　成　儿　　　　　　耶福方教六传板福慕祈
经　人　童　　　　　　　　稣传济理合道
年　培　教　要　　　　　　圣文各老星员报传道祷
训　理　理　　　　　　　　心艺第师星培
班　班　班　班　　　　　　会班三培小训组组班组
　　　　　　　　　　　　　　　　会训报班

青青　圣圣　婚　儿开坚奉　车扶圣电客卫卫圣门修外圣剧教殡用治接
年年　经经　前　童　　　　辆贫物器房
祈联　研分　辅　圣圣振献　服济加维管生生爱　缮务物友葬餐安待
祷谊　讨享　导　经体　　　务困工修理二一之
组会　班班　班　班班班班　组组组组组组家卫组组组组组组组

（图示 7-1：六合堂区组织架构图，天主教六合堂区简介内页）

　　唱经班是教会的传统音乐团体，民乐队为旧时风俗的延续，铜管乐队为当下最为流行者但与旧时的军乐队编制有所差别，腰鼓队为信徒自发娱乐所组不具规模，锣鼓队则遍布山西全省内各教区堂口却在华北其他地区少有如此规模。这种多音乐形式的组合在北方教会较为普遍，南方则弱之。其中，身处大都市的北京城市教会最为传统没有器乐团体，北京郊区教会以及天津、河北、内蒙的城郊教会基本都拥有多种器乐团体，而山西教会与民间文化的结合之风最为兴盛也最为丰富，相比之下此现象颇为难得。

第一节　唱经班

一、唱经班／歌咏团

　　唱经班或称歌咏团等，是教会最重要的音乐团体，在仪式中担任核心音乐礼仪服务。传统天主教会的唱经班咏唱单声部或多声部拉丁文圣咏，现今的中国教会以中文单声或多声部歌咏为主。组建专业唱经班是所有教会的努力目标，但多种原因造成中国教会音乐水平低下的现实，使教堂音乐的发展在绝大部分地区都处于起步阶段。通常每个堂区都会根据不同的需求组建多个唱经班，如中文、英文、拉丁文以及儿童、青年唱经班等。每个唱经班的音乐风格不尽相同，服务人员亦有差异。如青年唱经班以青年为主，多尝试流行风格的圣歌和电声乐队等；中文唱经班是堂区主要的音乐礼仪服务团体，音乐风格也较为传统和保守。一线城市的教会具有相对优越的音乐资源，也因此拥有水准较高的团体，如北京宣武门南堂英文唱经班、北京西什库北堂唱经班、上海徐家汇天主堂唱经班、广州石室圣心天主堂英文唱经班等，以下简述部分地区的音乐团体。

1、北京教区的唱经班

北京市区的宣武门南堂、西什库北堂、西直门西堂、东交民巷天主堂以及王府井东堂的唱经班各有特点，音乐水准互有差异。南堂英文唱经班外文圣歌的演唱水准较好，北堂圣乐合唱团以演唱明清时期的中国圣乐为特色，1986 年成立的天爱合唱团是北京教区业余的合唱团体，曾长期以来代表着北京天主教会的最高合唱水准。而根据专业人士的加入与否及其专业水准的高低程度，其他唱经班的优劣也随之不同。

成立于 1996 年的南堂英文唱经班全称为天主教北京教区国际堂区英文唱经班，是服务于本堂英文弥撒礼仪的音乐团体。现任指导司铎甄雪斌神父，唱经班总负责人张广泰曾先后在东堂和北堂组建唱经班，毕业于俄罗斯的合唱指挥及声乐指导王飞于 2010 年初在英文唱经班正式指挥。该唱经班自成立 15 年以来在张广泰老师的指导下，每周演唱的弥撒礼仪音乐获得外籍信徒的好评，被认为拉丁文发音准确和教堂音乐风格正统，现有专业指挥的加入以待进一步的提高。

北堂圣乐合唱团是为北堂每周日早八点弥撒仪式服务的唱经班，团长周永正自 1985 年开堂以来担任琴师并负责排练工作。该团的最大特色是演唱四百年前中国南北曲风格的圣乐作品，这是由法国索邦大学皮卡尔教授发掘整理的一套明清北堂晚祷音乐曲谱，其中包括耶稣会士利玛窦《西琴曲意》八首和钱德明《圣乐经谱》系列等，这些作品使其成为世界独一无二的中国传统圣乐合唱团。2003 年该团应法国政府邀请参加中法文化交流年活动，先后在法国七座城市演出《明清北堂天主教晚祷》八场，荣获法国巴洛克音乐奖章并录制 CD。2010 年受邀赴罗马参加利玛窦诞辰 400 周年纪念活动，在罗马和马切拉塔举行该套作品的音乐会，并于梵蒂冈圣伯多禄广场为教宗本笃十六世现场演唱《西琴曲意》之"牧童游山"一曲。

天爱合唱团是北京教区成立的业余团体，中央音乐学院教授朱有臻常任指挥，团员由来自各行业的信徒和非信徒组成，早期名誉团长是著名女高音歌唱家张权。该团可演唱相当数量和难度的中外合唱名曲，包括宗教歌曲、古典及艺术歌曲等，并积极参加各类社会活动和交流演出，获得中外各类合唱奖项，成立至今已公演超过百余场音乐会。

2、太原总堂天音合唱团

太原主教座堂天音合唱团在太原教区所有的唱经班团体中最为突出，该团在核心人物孟满顺神父和音乐教师耿辉（1941-2011）的主办下，于2007年10月20日正式成立。耿辉是当代山西天主教音乐发展的代表人物，他1962年毕业于沈阳音乐学院，长期担任师范学校音乐教师，亦是中国师范学校合唱学会副理事长，兼备作曲、指挥、声乐三项专长。1985年他受聘于孟高维诺山西修院讲授音乐课，自此响应梵二会议本地化的精神开始创作中文弥撒，其创作西北风格《中华合一弥撒》套曲在全国天主教会内广为传唱。孟满顺是耿辉在修院任教期间的学生之一，他十分赞同老师对教会音乐发展的观念。待到孟担任太原主教座堂的副本堂主管礼仪与圣乐之时，二人更加联手大力推动音乐事工。今日太原教区音乐发展的多样性和高标准的局面，耿孟二人功不可没。

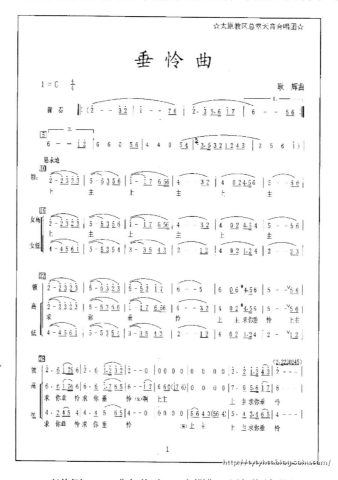

（谱例7-1：《中华合一弥撒》垂怜曲片段）

耿辉曾一直担任天音合唱团的艺术总监兼总指挥，该团也大量演唱他的中文圣乐作品。面对教会极度缺乏专业音乐人才的现状，耿积极培养接班人，直至 2011 年初突然病逝，合唱团仍能良好运作至今，与他培养人员的思路和教会领导的全力支持密不可分。现今天音合唱团具备较完善的组织结构：孟满顺神父任指导司铎和团长，聘有艺术总监一名，常务、行政和业务副团长各一名。合唱团团委会有总指挥和指挥各一名，声乐指导和琴师各两名。专家委员会成员七名。合唱团四个声部的声部长各一名，另下设编导组成员七名，宣传组成员五名，服务组成员四名。天音合唱团成员从本堂报名的普通天主教信徒中考试选拔，多为业余音乐人员或音乐爱好者，现在册 60 人，男女比例1:2。该团负责总堂周日早 8:00 弥撒献唱，排练时间为周日下午，必要时周六加排，逢春节期间休数日，平日不停训练。排练时电子琴和钢琴轮番上阵，声乐教导、视唱练耳、乐理知识、曲目学习、合唱训练等内容一应俱全。虽为业余团体，但由于长期坚持音乐技能的各项训练，团员除对弥撒程序和选曲十分熟悉外，其音乐水平在国内教会属中上乘。每举行一场弥撒，面对礼仪选曲繁多曲量较大的情况，团员的学习适应能力也较强。逢遇节庆或纪念日，大小各类瞻礼的演唱均由该团担当。[1]

2011 年新注册的"天主太原总堂天音合唱团"博客，是又一主要的对外宣传窗口，也是国内为数不多的教会合唱团专页。天音合唱团代表传统意义上的教会音乐团体。面对年轻人跟新时尚的审美趣味和基督新教铺天盖地的流行音乐潮，相对保守的天主教会也尝试仿效，太原教区的青泉合唱团即是这样新兴的青年合唱团体。该团组织者为业余音乐爱好者，全团负责总堂周日早 10:00 弥撒献唱。其选曲范围广杂，既有传统合唱曲、国内外当代弥撒曲也有大量基督新教的流行风格圣歌。电声乐队的增加激发了年轻信徒的兴趣，他们尝试在传统的教堂内添入新的声音。随之而来有审美习惯的调整、电声音响的调控、流行风格的掌握能力等诸多问题，因此在激情洋溢快速吸引青年的同时，青泉合唱团面临不少挑战，架子鼓的使用是一个代表。电声乐队

---

1 关于天主教唱经班学员的学习速度和曲目数量，笔者颇有体会。在一场一小时左右的仪式中，同宗的基督新教唱诗班为礼拜仅需献唱 1-2 首歌曲。天主教唱经班为弥撒少则献唱 4-5 首，逢遇节日多达 20 余首，曲目数量惊人，相当于一场音乐会。在笔者参加的天主教唱经班排练中，曲目较多学习速度很快，导致很多人跟不上的情况十分常见。很多堂口有各自的省料方法，如改用单声部大齐唱、频繁选用旧歌等。

的架子鼓适合广场音乐会等地，而太原总堂的音乐唱经台设在二楼，这是专为人声合唱设计的传统教堂建筑结构，在无扩音设备下，最大化实现人声共鸣在教堂内的穿透力和传播力，实为穿越一层会众头顶贯穿全堂的"天籁之音"。青泉合唱团在某次弥撒仪式结束时，未曾考虑教堂的音响构建，在二楼唱经台使用了加有架子鼓的电声乐队，虽然献唱激情飞跃但难掩震耳欲聋的劣质音效，此举当即使不少信徒投下反对票，因为这破坏了教堂为高雅神圣接近上主之所的氛围。一种新的文化正试图融合传统之中，若无彼此学习与努力提高的态度碰撞在所难免。

二、音乐活动

华北各教区的音乐活动以北京最盛，通常有音乐会分享会、各堂口及中外交流演唱会、音乐培训及音乐制作等。北京教区通常每年 5 月份期间举行全教区的圣乐分享会，由城郊各堂口表演圣歌及器乐节目，结束后评论颁奖。逢大瞻礼也有全教区集体举办的庆祝活动，如 1991 年 4 月 7 日北京市"两会"庆祝复活大瞻礼，在北堂举行圣歌吟唱会，城郊各堂以及男女修院的唱经班和通州贾后疃村的民乐队参与，由傅铁山主教领唱南堂唱经班，民乐队演奏《圣母颂》等。而基于复兴拉丁文圣乐的传统，2007 年 10 月 27-28 日在北京教区的南堂和北堂举办了庆祝中国天主教爱国会成立 50 周年之中国天主教格里高利圣乐演唱会，参加演出的有北京教区的南堂圣乐合唱团、北堂圣乐合唱团、天爱合唱团以及天津教区小韩村圣乐合唱团、江苏省天主教天籁圣乐合唱团等。

中外交流的音乐会通常能代表各地区较有特色或较高的音乐水准，2009 年 8 月 7 日在北京南堂举办了庆祝中华人民共和国华诞 60 周年暨澳门特区成立 10 周年的音乐交流会，由澳门嘤鸣合唱团，南堂英文唱经班和天爱合唱团三个团体联袂演出。澳门嘤鸣合唱团选曲多首本土作曲家的中西融合之作品，南堂英文唱经班选曲传统拉丁文和英文圣歌，天爱合唱团选曲中外经典合唱作品，演出最后三团合唱《共和国之恋》。

> 澳门嘤鸣合唱团（澳门本土合唱圣乐作品）：
>
> 1、Tu es Sacerdos In Aeternum 你是永恒的司祭——Guilherme Schmid
>
> 2、Panis Angelicus 天神食粮——林平粮
>
> 3、Gloria 光荣经（自《赞颂弥撒曲》）——林平粮
>
> 4、O Salutaris Hostia 赎世牺牲——颜俨若

5、Louvado Seja 堪受赞美主耶稣——Aureo Castro

6、Christus Factus Est 基督服从至死——Ferdinando Maberni

7、圣母颂——刘志明

8、天主经——伍星洪

南堂英文唱经班：

1、Ave Maris Stella 万福光耀海星——佚名

2、O Magnum Mysterium 伟大的神迹——Tomas Victoria

3、All That Is Hidden 一切隐秘必得见——Berndette Farrell Joseph Zhang

4、O God，You Search Me 主啊，你洞察我——Bernadette Farrell Joseph Zhang

5、When We All Get To Heaven 待到天堂欢聚时——Emily D.Wilson

天爱合唱团：

1、我和我的祖国——张蓉词秦咏诚曲秋里编

2、Summer Song 夏子歌——Antonin Dvorak

3、Ave Maria 圣母颂——Jacob Arcadelt

4、Halleluia 阿利路亚——George F.Handel

5、Agnus Dei 羔羊经（《加冕弥撒曲》）——W.A.Mozart

2010 年由于专业合唱指挥的加盟，北京教区各堂口的音乐会明显增多，各唱经班之间的交流也日趋频繁，交流演唱的曲目多为欧洲古典宗教合唱作品。如 8 月南堂英文唱经班和快乐音符合唱团在南堂举办庆祝圣母升天节音乐会，曲目有圣桑的《圣母颂》、《天神食粮》、莫扎特的《圣体颂》、巴赫的《奏鸣曲》、里姆斯基．柯萨科夫的《我们赞美你》等。10 月 31 日快乐音符合唱团和西直门教堂圣母圣衣唱经班在西直门西堂联袂举办音乐会，曲目有舒伯特的《圣母颂》、韦伯的《慈悲耶稣》、莫扎特的《求主赐给我们平安》、管风琴独奏《狄多与埃涅阿斯》和格里高利圣咏《天空有一个大异象》等。2011 年 5 月 15 日西堂举办首届西堂文化周的闭幕式"恩逾慈母"音乐会，演出有独唱重唱合唱、大提琴独奏、长笛合奏、美国乡村风格的吉它弹唱以及羊肠弦巴洛克小提琴演奏的德里格神父第七奏鸣曲等。6 月 30 日纪念西堂首位本堂德里格神父诞辰 340 周年——德里格神父的奏鸣曲音乐会在西堂举行，美国仿古小提琴家南希.威尔森演奏巴洛克小提琴、乔伊斯－琳多夫演奏羽管

键琴、彼得.奥索普和余志刚朗诵德里格的信件。9 月 4 日东堂唱经班和南堂英文唱经班在王府井东堂联袂举办了东堂音乐会－献给教友福传年，曲目有小提琴独奏《圣母颂》、独唱《我要远飞》《爱的歌》、合唱《天神之粮》《赞颂弥撒》《慈悲耶稣》等。与此同时音乐培训也日趋加强，2011 年 1 月 18 日北京西堂举办合唱指挥课程，有来自北京各堂唱经班的团体骨干参与学习。同年 5 月至 9 月北京教区圣乐培训班在南堂开办，由贾文亮神父主讲。2010 年 9 月和 2011 年 3 月南堂还开办了两期电子管风琴培训班。部分唱经班还自行灌制音乐 CD，但仅限于教堂内部发行，无法在市面上流通。

北京教区相对较好的音乐环境，并不能代表华北乃至国内的状况。总体而言各地唱经班的水准良莠不齐，对天主教圣乐和礼仪的认识也不相同，更缺乏互相沟通和信息交流的机会，整体建构极度欠缺，这是教会发展面临的问题之一。但对加盟的专业人才来说，由于音乐艺术在教会的需求面广泛，这也提供了一个广大的发挥空间。

第二节　西乐团体

一、西式乐队

从专业训练的角度而言，组建西式乐队的难度远高于对唱经班的培训。由于缺乏专业人才和师资力量，当代一线城市教会的西式乐队并不多见，但在中国广大的乡村教会中，西式军乐队、军鼓队、鼓号队、管乐队、管弦乐队等却如雨后春笋般兴旺而时尚。笔者走访各地乡村教会时，常被其乐队的规模、阵式和音效所震惊，乡村西乐队遍布范围之广、组建之流行、人数之庞大、演奏之初级、音效之本土都可令专业音乐工作者难以想象。

当代的西乐队不同与前文提及民国时期的西乐队之处是，后者在西洋音乐流行之初尚未有中西元素融合的太多机遇，外国神父和驻地洋人又营造了一个正统的西洋音乐氛围，因此民国西乐队为上流人士之风尚，培训者几乎是清一色的洋人或本国高等音乐师资，演奏曲目多为欧洲古典音乐。当代的乡土西乐队为农村草根阶层之喜好，缺乏无师资更无专业演奏者，音质粗糙而欢悦，奏法简易而震天，鼓号锣镲全上阵，单声齐奏喜翻天，俨然一幅民间吹鼓手版的交响音画。这种以铜管乐军鼓为主的仿军乐队形式在全国各地的教会中大行其道，几有取代其他乐种之势。

在华北各地的教堂中，鼓号队、军乐队、军鼓队等多活动于教堂外为礼仪仪仗和福传服务，管乐队或管弦乐队多活动于教堂内为礼仪音乐和音乐演奏会服务。乐队编制以铜管乐和军鼓为主，通常有圆号、短号、长号、大号、次中音号、低音号、萨克斯、小军鼓、大军鼓、大钹等。部分乐队还配有长笛、短笛、双簧管、单簧管、大管等木管乐器，个别教堂还组建有弦乐组。由于没有专业师资和人员，互相自学便成为乡村信徒的首选，简谱单声部大齐奏的演奏颠覆了西式乐队的组建编制和音乐理念，红绸栓绳铙钹镲锣的铿锵加入更是惊天动地好不热烈。很多乐队还效仿专业军乐队自行定制统一的制服、制帽、队徽和白手套，当在教堂的弥撒仪式和信徒的婚丧嫁娶上吹奏教会圣歌时，整齐的阵式和庞大的声响无一例外地制造声势聚拢人群，成为福传的有利帮手，各地乡村教会纷纷投资效仿。

内蒙古太仆寺旗千斤沟乡头号村是一个拥有千余名信徒的大村庄，早在1997年该村唱经班的成员就筹资购买铜管、军鼓等乐器，组建了一支女子乐队。队员利用业余时间学习乐理练习乐器，快速学会演奏一些教会常用曲目，在弥撒仪式和信徒葬礼中义务吹奏和演唱。天津武清区白古屯乡小韩村是天津教区人数最多的堂区，全村三千多人皆为世代天主教信徒，民国时期比利时神父雷鸣远服务于此，2005年堂区成立了全国第一支编制全备的"农民交响乐团"（堂区爱乐乐团），乐队所有声部完全遵循交响乐团的规模建制，由天津歌舞剧院的老师执教。近百村民信徒自购乐器利用农闲时间从识五线谱开始到合奏《莫扎特 G 大调小夜曲》、《拉宾斯基进行曲》、《茉莉花》等中外乐曲，这也是全国唯一一支天主教管弦乐队，虽然演奏水平不高但规模庞大，成为当地村民的骄傲。北京门头沟区永定镇曹各庄村天主堂于2007年圣神降临节成立"天爱铜管乐队"，该队的管理制度使之接纳教内外的乐手，同时学习教会圣歌和社会歌曲，因此也逐步向专业化水准提高。乐队不仅在北京教区的重大活动中提供服务，也积极参与各类社会公益活动。2009年中国天主教神哲学院充分利用本院现有的管弦乐器，开办了第一期铜管乐兴趣小组，邀请专业老师指导培训。2010年圣母升天节重建的河北唐山五家庄堂区铜管乐队同样吸纳非信徒，乐队积极给予教外人士展示音乐才华的平台同时也吸引之入教，这种方法不仅巩固提高了教会的音乐水平也成为当下一种新型良性的福传方式。山西太原天主教总堂的管乐团多为青年学生，整体演奏水平相对较好。学员多为信徒子女，乐团全年招生。乐团聘请省内教外的专业教师教授专业课、基本乐理和视唱练耳，兵对成绩优秀并获奖项的学生张榜予以鼓励。

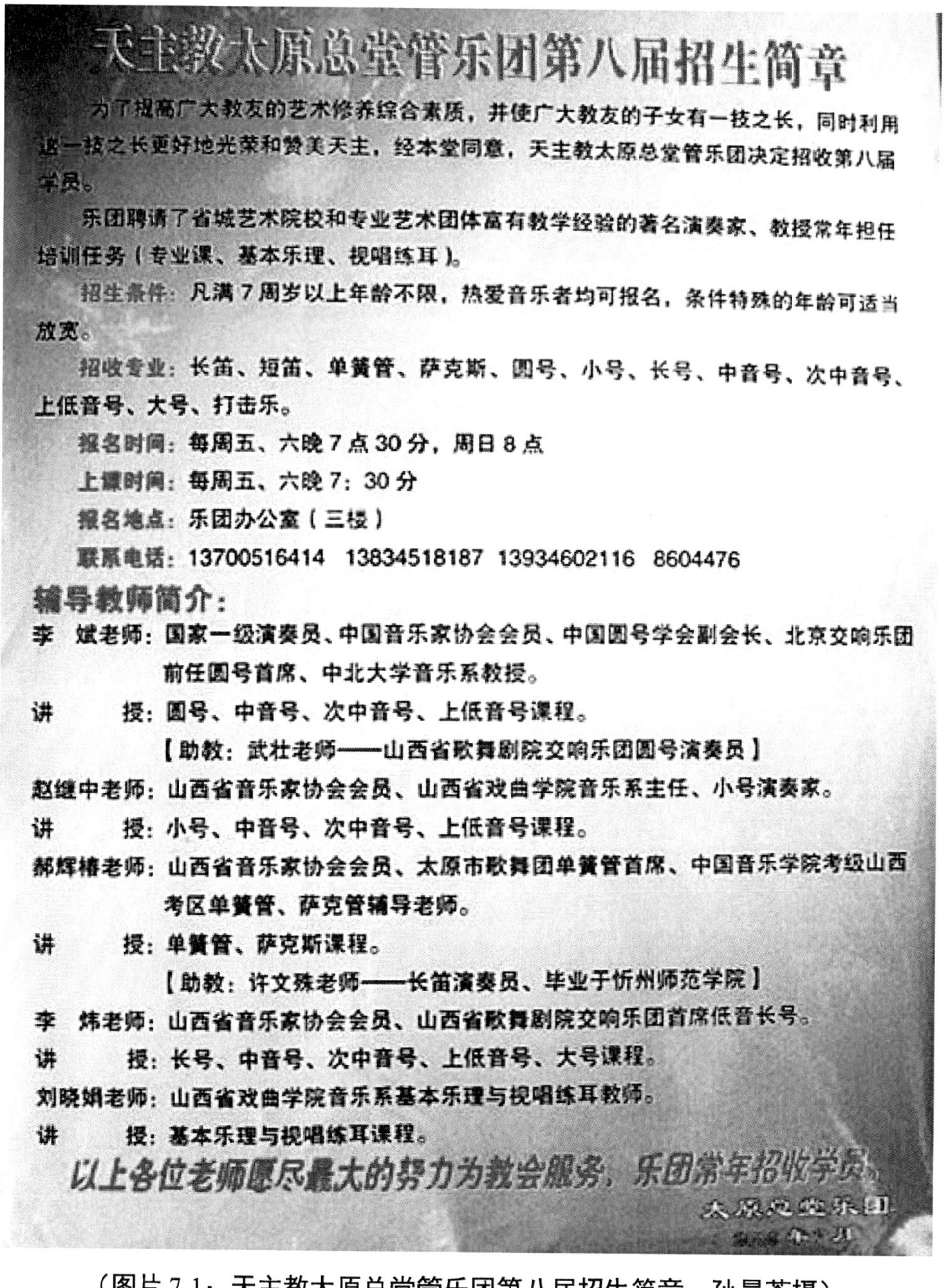

（图片 7-1：天主教太原总堂管乐团第八届招生简章，孙晨荟摄）

西式乐队在音响组合和声势排场上超越本土传统乐器组合，行进时无需复杂的声部排练，单旋律大齐奏的声效依然震天动地招揽人群，演奏者更能昂首阔步傲人前行，因此乡村教会对西式乐队之喜爱较城市教会有过之而无不及。管/军乐队在乡村教会的盛行，在功能上几乎完全替代了传统鼓乐班的社会文化意义，在审美上满足教会人士对"高雅洋气"的追求，在信仰上符合"丢弃世俗弃绝迷信"的教义。[2]

二、管风琴

中国历史上曾经拥有的教堂管风琴绝大部分不复存在，如今弥撒礼仪时使用的伴奏乐器多为平台式电子琴和老式双排键电子琴。近年随着对外交流的频繁和经济水平的提高，各大教堂逐步计划购置管风琴。由于造价高昂、专业人员缺乏、维护繁杂等原因，只有少数教堂购置安装了中型以上的传统机械式教堂管风琴，而造价低廉音效尚佳的新型电子管风琴成为教会的首选。

目前已知新购中型以上带脚键盘之机械管风琴的中国教会有：天主教北京王府井东堂（捷克 Rieger-Kloss）、北京朝阳基督教堂（德国 Oberlinger）、中国天主教神哲学院（二手练习琴，一排手键盘和脚键盘，8 个音栓）、基督教燕京神学院礼拜堂（德国 Oberlinger）、天主教上海徐家汇教堂、青岛浙江路天主教堂（德国 Jager-Brommer）、青岛江苏路基督教堂（德国 Jager-Brommer）、天主教天津西开总堂（捷克 Rieger-Kloss）、天主教天津仁爱修女院仁慈堂（捷克 Rieger-Kloss，西开教堂附赠练习琴，脚键盘和两排手键盘）。极少教堂幸存有近代旧式管风琴，如河北大名天主教宠爱之母教堂二楼唱经台的管风琴，其外形结构完好，但内部损坏无法演奏，琴身高 7 米，长 4.31 米，宽 2 米，演奏时需二人操作，为传统式人力鼓风系统，一人压气，一人按键。北京颐和园内的德和园还保留有一台清朝的自动演奏管风琴，现已无法奏乐。天主教堂第一架新购的大型管风琴于 2008 年安装在山东青岛浙江路圣弥厄尔天主堂，该琴为德国 Jager-Brommer 品牌，高达八米，共有 2666 个金属管，造价约一千多万人民币。该教堂原有一架捷克产的管风琴，后毁于文革。2010 年天津圣若瑟西开天主堂购置了一台造价约八百万人民币的捷

2　鼓乐班在农村传统的婚丧嫁娶中担任主角，但由于收费问题，人们觉得这是俗世之举。另外一个层面是，鼓乐班音乐与民间信仰僧佛道儒关系密切，天主教人士不希望与之关联。管/军乐队的出现能替代甚至更好地行其功用，并完美地解决教会人士所担心的以上问题。

克产 Rieger-Kloss 品牌大型管风琴，该琴按教堂的建筑特点设计，长 7 米，宽 3 米，高 8 米，有 85 个音栓、三层手键盘、3500 多根木管和金属管、24 根仿钟声金属排管和 12 个敲击使用的金属铃，2011 年西开堂为此举行了落成典礼。2010 年底，北京王府井圣若瑟天主堂购进一台捷克产 Rieger-Kloss 品牌的小型管风琴 VISCOUNT JUBILATE 332，这是新购最小的一台，造价约五百万人民币，有两层各 56 键的手键盘和一排 32 键的脚键盘。传统教堂管风琴的吸引力是毋庸置疑的，自从安装了这种巨型乐器后，每周末的弥撒仪式和平日都有很多人慕名前来参观和欣赏，神职人员认为这非常有利于福传工作以及信徒们对礼仪的深度投入。但由于其造价太高和使用者的极度缺乏，对管风琴的质疑之声也从未消失。目前有一些教堂的折中之法，是在有管风琴音效的电子琴上配制金属管以仿效传统机械式管风琴所带来的庄严圣乐。

各教堂普遍使用的平台式电子琴和双排键电子琴已难以满足当代的音乐需求，在没有经费预算和无力购买传统管风琴的情况下，新型电子管风琴便成为教会的新宠。2009 年由天主教香港教区圣乐委员会捐赠的美国 Rodgers 品牌 Allegiant 698 电子管风琴，安装于北京西直门西堂和宣武门南堂。该委员会还捐赠了一台日本产 Roland 品牌的电子管风琴安装于河北省天主教神哲学院，该琴有 34 个音栓，两组手键盘和一组脚键盘，修院计划培养修生专职学习管风琴。2010 年中国天主教神哲学院伯多禄礼堂安装了一台韩国友人捐赠的电子管风琴，为修院圣乐班的修女练琴所用和举办各项大型活动提供方便。2011 年北京延庆县永宁天主堂安装了一台由意大利人捐赠的意大利 Viscount 品牌 Prestige 80 电子管风琴，有三层各 61 键的手键盘、一排 32 键的脚键盘和 67 个独立音栓。由于国内电子管风琴自主研发市场的空白，北京管风琴爱好者和星海集团天琴乐器厂在 2010 年共同研制了一款德里格 PC 电脑管风琴，这是为资金匮乏的教堂和普通爱好者提供的廉价和家庭演奏型练习用琴，其价格约在 3、4 万人民币左右，目前山东济南教区洪家楼天主堂已经应用了该套演奏设备。

购置安装乐器仅是教堂音乐整体建设的第一步，在国内不具备管风琴音乐文化土壤的现状下，专业音乐院校和教会都面临缺乏琴师的难题。自 2009 年北京宣武门南堂张广泰老师开始主办第一期电子管风琴培训班，设有教会礼仪基础、乐理基础、初级管风琴演奏基础与实践、礼仪伴奏等课程。学员自备电子琴一架，学习起点从五线谱识谱、弹奏指法和大小调学习开始，使用法国《圣乐练习》、沈晓明管风琴《基础练习》、《管风琴演繹》、《頌恩伴奏譜》《李振邦神父逝世二十五週年纪念特輯》、天主教香港教区圣乐委员会出版《風琴樂曲集》、Ordinarium Missae 、Canticum Novum、Catholic Book of Worship III 等教材，学习期间还参与多起中央音乐学院的音乐会视听。经过一年多的学习，第一批学员于 2010 年结业，学会基本弹奏法、基础乐理及和声学。同年第二期提高培训班开始，培养艺术、灵修与礼仪兼备品质的琴师，学习掌握圣诞、复活、圣神降临节等主要瞻礼及婚礼、亡者弥撒等相关用曲以及常用礼仪圣歌伴奏的实际运用能力。2009 年中国天主教神哲学院也举办了为期两个月的第一期管风琴培训班，由德国管风琴演奏家 Wiltrud Fuchs 女士主持，共招收全国各地学员七名。北京的专业和业余管风琴爱好者们还成立了管风琴爱好者俱乐部，由中央音乐学院的专业师生和天主教会人士组成。教会内部的管风琴音乐会近年来也逐渐增多，如 2010 年 6 月北京宣武门南堂举办香港管风琴演奏家苏明村的音乐会，2011 年 5 月韩国音乐系授朴修远为中国神哲学院圣乐班的修女上课并在修院礼堂举办个人管风琴演奏会，曲目有巴赫前奏曲与赋格、尼古拉《圣神请降临》、法兰克《赞美歌》、韩国民歌《阿里郎》及韩国圣歌《我的牧者》等。天津西开总堂自安装大型管风琴以来，在天津电视台的协助下于 2011 年发行了国内首张管风琴圣乐专辑 DVD，曲目为管风琴伴奏的教会传统现代圣歌 38 首，包含将临期、四旬期、圣诞期及复活期圣歌以及圣母祷文、圣心祷文、诸圣祷文、儿童圣歌等，由西开总堂唱经班演唱。

第三节　民乐团体

一、"音乐会"的衰退

非管风琴类乐器出现在天主教传统的弥撒礼仪中，是本土化的突出表现。前文已说明，20 世纪初弥撒中使用"音乐会"的方式广泛盛行于大江南北，今日北方的部分教会仍然保留这一传统，如天津部分乡村、北京贾后瞳村、河北部分乡村、山西大部分区域、山东部分乡村、陕西关中地区、内蒙部分乡村等。如今时尚的铜管乐队已替代旧时的民族乐队为弥撒礼仪奏乐的功能，"音乐会"保留的一套完整拉丁弥撒仪式曲目已无用武之地，但有时也在大瞻礼庆典中演奏片段。

前文提及天主教"音乐会"的源头可能是河北,如今北方各省中传承状况最佳者当属山西,陕西次之,其中又以太原及忻州、晋中榆次、祁县等周边地市流传最广。太原教区"音乐会"的编制俗称武家具和文家具,为吹奏、拉弦、弹拨和打击四类乐器,有笛子、管子、笙、板胡、革胡、低胡、二胡、中阮、三弦、琵琶、云锣、镲、大鼓、拍板等,如今乐队通用简谱,50岁以上的信徒还能唱奏工尺谱。陕西关中地区如周至、凤翔、眉县、岐山、高陵等县的天主教"音乐会"(当地称"天乐会")也有文武班之分,使用乐器有云锣、铙、锣、边鼓、板鼓、大铜鼓等,还有年轻人加入的铜管木管手风琴等乐器。下图为山西太原教区六合村"音乐会"手抄本绘制的文武家具图:

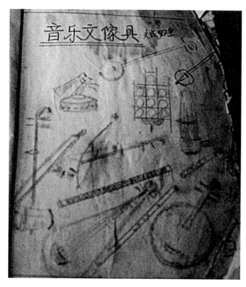

(图片7-2左:六合村手抄本-音乐文家具)(图片7-3右:六合村手抄本-音乐武家具)

据老信徒口述,山西地区天主教"音乐会"的很多曲目可能是明万历年间(或清朝)一位皈依天主教的佛教和尚将佛乐填词的结果,这些乐曲从北京一路流传山西至今。太原教区几乎村村都有"音乐会",历来活跃于教堂大礼弥撒、圣体降福圣事、教会各大瞻礼激情、圣体游行以及丧葬礼仪等。各地乐队的曲目及吹奏调式混杂不一,老辈人口传心授的传承方式使每首乐曲都有不同的演奏版本。一些地方还流行西洋管乐队与"音乐会"大齐奏,如1994年太原古城营村复活节瞻礼上,管乐队与"音乐会"齐奏"吾等赞颂上主"一曲(原曲名"得胜鼓"),这两种乐队除谱式调式不同外,另有音质音色等诸多层面的协调问题，虽然其音乐配器难度很高，但大多数的处理方式仍极为粗糙。为了统一规范"音乐会"，耿辉于 1992 年山西修道院任教期间蜡版油印了《圣教音乐会曲集》一书。该书在各地"音乐会"的基础上几经筛选，以太原西柳林堂口为样板，将 28 首曲目用简谱记谱、整理，并将大部分配有天主教经文歌词，以便乐队单独演奏和信徒歌唱。曲谱在处理文言经文与民族音乐的节奏感及合仄押韵上有独到之处，书中附有"演奏说明"提出他的本土化教会音乐观：

一、圣教"音乐会"的编制，以民族吹打乐为主，亦可结合部分弦乐、弹拨乐器。分为文武两班。文班包括：笛、箫、笙、管、云锣等乐器，还可以加入板胡（葫芦）、扬琴、三弦、琵琶、二胡、低胡等乐器。武班包括：鼓、镲、大锣等，也可加入板鼓、大板、梆子等。一般以笛子和管子为领奏乐器，以鼓或板鼓为指挥。

二、弥撒及圣体降福圣事过程中，最好少用或不用武班，但上台、下台以及其他礼仪不限。

三、定调。各地因乐器情况而不同，大多用 D 调、F 调或 Eb 调、G 调等。这次加上了经文唱词，定调应以人生音域为准。但如果众多"音乐会"聚在一起，大家应共同定一个调为宜，否则，不可能共同演奏演唱。

四、"圣教音乐会"的编制，过去多位民族吹打乐的笙箫管笛加云锣，外加武班鼓镲。随着时代的进化，圣教礼仪的完善及需要，应向民族管弦乐队发展，即加上二胡、板胡、低胡与弹拨月扬琴、三弦、琵琶等。武班还可以加入板鼓、大板及碰钟、三角铁、梆子等。

五、送葬是或进行迎、送礼仪时，不要选用"举扬圣体"、"举扬圣血"、"圣体诗"和"圣体仁爱经"，可选用其他的乐曲。（安多尼·耿 1992：31）

2005 年耿辉在孟满顺神父的协助下，于太原主教座堂百年庆典中举办了全教区首场"音乐会"比赛，在很大程度上促进了该传统的发展。2009 年 9 月，笔者走访太原教区红沟、坪塘宓、西柳林、六合四个村堂口的"音乐会"，了解到会吹管子能作乐队领奏的人大多去世，如今由吹笛或笙者担任领奏，在演奏武曲时以大鼓为指挥中心。吹奏乐器笙笛的演奏水平较好，难以控制音准的拉弦乐器胡琴类演奏水平较差之。西柳林村的大部分队员可以唱奏工尺谱，六合村和红沟村的队员可奏乐但不会唱谱，新近成立的坪塘宓村乐队不通晓工尺谱，演奏水平也较次之。这种传统在太原及周边教区的普及率较高，有不少年轻人愿意加入学习，但简谱基本代替了工尺谱，这样学习起来难度降低统一程度却显著提高。

2010 年 12 月笔者走访河北献县教区时，却发现难觅乐队的踪迹，最终在任丘于村乡东八方村堂口寻得几位懂行的老信徒，他们所带来的工尺谱抄本与前文提及 1912 年该教区出版的《清音谱》完全一致。老人们回忆，20 世纪 80 年代河北很多地区的天主教会都有"音乐会"演奏，90 年代之后逐渐没落被铜管乐队、鼓乐队等替代。2010 年的圣诞节笔者终于一睹该村的乐队，在开散场之时老人们拿着陈旧的乐器较生涩地演奏着古时的音乐，而浩荡整列的管乐队随即盖过震耳的鞭炮声和喧天的锣鼓队引领着人们进入教堂。北京教区仅有通州区贾后疃村一家教会的"音乐会"，从前文史料来看，该堂口的乐队演奏历史是一脉传承的。在北京教区的圣乐交流会上，该乐队几乎每次都要演奏，对于这种形式笔者曾采访多位信徒及负责人认为，这种音乐虽有特色但实在不能称为教堂圣乐，一是为类似红白喜事之民间俗乐，一是在堂内太过吵闹不符高雅神圣之教堂氛围。该村乐队也面临传承问题，不少传统曲目已经失传，而演奏现代流行的教会圣歌已成为该乐队的新趋势。内蒙古地区的天主教"音乐会"同样逐渐消失，据南鸿雁的调查，内蒙中西部地区的乐队还吸收了当地二人台地方戏音乐的特色，但在融合中多将旋律简化，以符合教会音乐的庄重风格。笔者在 2011 年在鄂尔多斯地区走访时，已无法找到乐队的踪迹，只能在老信徒的记忆中想象当年的流行盛况。

临近华北山西省行政区域隶属西北地区的陕西省，如今"音乐会"依然盛行于关中地区的各教堂中，逢遇各种礼仪与大瞻礼庆典，笙管笛锣丝毫不逊让于铜管军乐，甚至在弥撒礼仪中最神圣的领圣体环节时，依然齐奏喧天。同是北方地区行政区域隶属华东地区的山东省也保留有这种传统，据周莉的硕士论文调查，该地的音乐源于河北，主要流传于济南教区平阴胡庄、陈家楼等地。2011 年平阴县文化馆推荐申报并获批济南市第三批非物质文化遗产项目，经建议更名为"胡庄天主教华化音乐"，当地媒体随即采访与报道，由于缺乏深入了解，一些文章对其音乐性的解释会有偏颇之处。

（图片7-4：山西红沟天主堂"音乐会"）

　　整体而言，北方地区的天主教"音乐会"呈衰退态势，非遗项目的申报
更能说明它的现状。山陕地区兴盛的民间文化土壤培育保护了该地区这种用
本土化语言表达的西洋文化传统，而天主教"音乐会"的未来仍然面临太多
的难题和困境。

二、锣鼓队

　　华北地区丰富的民间锣鼓艺术被天主教信徒广泛用于教会的庆典活动中，其中最有代表性和颇具规模的是太原锣鼓，其他如威风锣鼓、腰鼓等也深受人们喜爱。太原锣鼓流传于太原及周边教区，威风锣鼓流传于临汾、长治等教区。腰鼓、秧歌、花鼓等形式在各地教会非常普及，每支队伍多有本地特色，例如陕北地区的教会常用安塞腰鼓助兴，此类鼓乐多由中老年女信徒组成，选择难度低花样多的演奏方式。山西太原教区的锣鼓队在太原锣鼓逐步兴盛的大氛围下，各堂口积极培养教内外人员组织队伍排练演奏，日渐形成一个较专业的演奏圈，这与其他教会自发爱好组织的业余锣鼓队形成差别。锣鼓队不仅在庆典上助兴，也在弥撒大礼的重要仪式环节中演奏，这在太原教区已逐渐勾勒出一套独特的本土天主教音乐文化框架。

　　山西民间锣鼓艺术以绛州的鼓（绛州鼓乐）、威风的锣（威风锣鼓）和太原的钹（太原锣鼓）最为著名。太原锣鼓广泛流传在太原城郊附近，多服务于迎神赛社和民间社火活动，每年农历正月十五最为热烈。太原民间原无统一的鼓谱，由师徒口传心授传承，20世纪70年代初王平化将广泛传打的锣鼓经搜集成册，由王宝灿提议取名为"太原锣鼓"。80年代至今，太原锣鼓以振兴发展为目的，逐渐走向专业化道路。2010年7月31日，由太原市锣鼓艺术协会和太原市群众艺术馆共同授予的"国家非遗太原锣鼓传承培训基地"，在太原重机厂太重鼓乐团挂牌。

　　太原锣鼓的主要乐器是鼓、钹（镲）、铙，锣在演变过程中逐渐退场，耍大钹为主要特色。其演奏技法多样：鼓的技法有滚奏、正击、闷击、边击、磕击、弹击、舞鼓花、击鼓花、磨鼓钉等。铙的技法有正击、搓击、闷击、磨击、揉击、磕击、抖击、边击、刮击、抛击等。钹（镲）的技法有拧击、腕击、抱击等。近年，队形和耍大钹（镲）的花样技巧和庞大阵容为太原锣鼓发展的趋势，漂亮的舞镲技术很受欢迎，有太极镲、云手镲、双展翅、单展翅、旋风镲、少林镲、鸳鸯镲、转身镲、腾跃镲等。太原锣鼓的指挥颇具特色，利用双手的小旗配合身体姿态，挥舞旗语引导团队。女子指挥逐年兴起，刚柔相济的优秀指挥能为锣鼓队添彩助兴。如今，这些典型的本土艺术完全融入天主教会中，临汾教区流行威风锣鼓，太原教区盛行太原锣鼓，中老年信徒更喜爱规模不大技巧简易的腰鼓。

　　太原教区各堂口均成立有自己的锣鼓队，演奏水平参差不齐，以总堂的天音鼓乐团较为优异。乐团为中小型锣鼓队，信徒和非信徒成员各占一半，均为锣鼓艺术爱好者。演奏曲目以太原锣鼓传统七大套为主，为"流水"、"双一二五"、"单一二五"、"农一二五"、"狗相咬"、"双五二一"、"迎宾鼓"，与宗教内容无关。演奏队伍不能进入教堂内部，在堂外广场排好队形演奏，用于行进、迎宾和欢庆时刻。当堂内弥撒仪式举行时，堂外锣鼓不可敲击以免干扰。天主教会一年内的瞻礼庆典及纪念日活动很多，因此天音鼓乐团的出场率也很高。教会活动都是义务演出，而非信徒团员的积极性调动就需团长很费力气。由于该团认真排练基本功不拿花架，也并不鼓励市场活动中类似世俗乐团花哨俏丽的动作，团队精神跨越了信仰差别逐渐建立起来。业余时间，天音鼓乐团的部分成员也接受市场演出活动，无论给钱多少都劲头十足认真演奏。业余团队打出了专业精神，这与笔者在太原街头随处可见"油"气十足的锣鼓队形成反差。

（图片7-5 左：太原总堂天音鼓乐团指挥）

（图片7-6 右：太原总堂天音鼓乐团演奏）

天音鼓乐团的演奏队形以方阵为主，队形如下：

指挥

铙　堂鼓　堂鼓　堂鼓　堂鼓　铙

铙　钹　　钹　　钹　　钹　　铙

铙　钹　　钹　　钹　　钹　　铙

铙　钹　　钹　　钹　　钹　　铙

大鼓　　　　　　大鼓

（图示 7-1：天音鼓乐团演奏方阵）

锣鼓队表演时队形通常有放射状、同心圆等变化，曲目多首串联一气呵成，编排为牛斗虎→狗相咬→一枝花→双一二五→单一二五→凤搅雪→农双一二五等。鼓乐团敲响第一音时，预示教堂仪式即将开始。在太原锣鼓声中，教会行进队伍有辅祭队与福音书、腰鼓队、旗帜队、管乐团、修女队、修会队、唱经班、神父、主教、教友队等，逐个由教堂后方经过街道绕行至教堂门口进入。全部队伍入堂，鼓乐完毕，管乐团同时演奏。鼓乐团演奏时间约为半小时左右，弥撒仪式结束时，太原锣鼓会再次奏响。如今，太原总堂的天音鼓乐团在孟满顺神父的支持下，得到山西省锣鼓艺术家协会的帮助，并经常参加省内外的锣鼓比赛和演出活动，专业技巧和团队精神正日益提高以弘扬天主福音。

第四节　神职人员与音乐

一、音乐观

教会音乐水准的高低不仅取决于专业音乐人才，神职人员的艺术素养更起到关键性因素。他们对音乐艺术的喜爱程度、对音乐技能的掌握程度以及教会音乐神学观倾向，决定了教会音乐的发展方向及繁荣与否。新教改革先驱者马丁路德是一位高音乐素养的神学家，他深受天主教音乐传统的熏陶，擅长演奏琉特琴，喜爱同时代音乐大师若斯坎的复调作品。路德将音乐抬高至与福音同等高的地位，此举在教会中前无古人后无来者。他个人的音乐成就以及音乐神学观，铺就了日后德国孕育系列音乐大师的土壤，巴赫家族便是最突出的代表。新教改革的另一先驱者，出身律师的清信徒加尔文，抵制天主教会的一切相关艺术，其追随者更有砸烂管风琴焚毁乐谱之举，使得加尔文宗早期统治下的欧洲地区几近两百年内无一音乐家和画家。现今中国的天主教会缺乏专业音乐人才，更缺乏受过音乐训练的神职人员。各堂区主管礼仪圣乐的神父重视音乐的程度即决定本堂音乐发展的程度，培养好的唱经班是各地发展教会音乐的基本共识，器乐方面如西洋管（或管弦）乐队则一致受到欢迎，而流行乐队、锣鼓队、民乐队甚至舞蹈队的发展则需根据神父们的接纳程度而定。

迄今为止，受过正统天主教音乐训练的华人神职为数极少。创建于 1911 年的罗马宗座圣乐学院（Pontificium Institutum Musicae Sacrae）是正统天主教音乐最权威的专业学府，曾在此学习的华人神职有河北的李振邦神父（1953 年）、马来西亚的马海星神父（1952 年）、台北的刘志明蒙席（1971 年）、高雄的潘琼辉神父（1977 年）、香港的蔡诗亚神父（1985 年）、北京的贾文亮神父（2003 年）和河北的赵若翰神父（2010 年）。从这所学校毕业的神职人员日后都成为各地教会音乐发展的领头人，其中影响较大的是李振邦（逝世）和刘志明。李振邦神父是推动中文天主教圣乐发展的先驱者，他参与编辑的有《主祭弥撒经书》（《信友歌唱弥撒》）和《新增颂谢词及感恩经》，出版曲集有五线谱版《新礼弥撒合唱曲集》、《新礼弥撒用曲简谱》、《简易弥撒曲》、《圣周礼仪歌曲》和《弥撒曲集》等，专著和编著有《教会音乐》（原名《宗教音乐》）、《拉丁文弥撒曲读音释义》、《中国语文的音乐处理》、《葛丽果圣歌——中古教堂调式有声谱例》等。李神父努力创作的中文天主教圣乐广泛流传于华语教会，在其《新礼弥撒合唱曲集》序言中，他提及如何将西方作曲技巧与中国风格曲调融合：

> 西洋音乐的和声对位等技巧，如何运用到中国风味的曲调上来，甚至更进一步使它全面改观，建立一个有系统的音乐风格，不但带有东方风味，而且成为真正的中国本位风格，这是一连串棘手的问题。目前天主教台湾地区教会的音乐创作，可以说尚在初期的学步阶段，每一种尝试都是值得鼓励的，事实上每一位从事音乐创作者，也都在各自探索前进，寻求自己的路线。因此提起「风格」二字，很少不使人感到尴尬：我只能说在这本曲集中尽了最大的努力，以求注入中国色彩和生命，同时保持圣乐的庄严，不流于小调的凡俗气氛及惯用音型的俗套。合唱与伴奏部分，也多是「同节奏的」

（Homorhythmic）和声式进行，很少用到模仿对位等技巧，目的正是要力求大众化：易于演唱，便于弹奏。至于曲调的进行，和弦的应用，原则上是尽量避免西洋大小调的感觉，运用我国固有的调式风格；避免和运用的程度与方式，前后也略有差异，一般说来，多少接受了平歌（即素歌 gregorian chant）的调式音乐处理手法；因而调号的记法，也往往因某些调式（如 Re 调式 Dorian，或 Fa 调式 Lydian 等）本身可能暗含的降 Si，使升号数目减少了一个，或降号数目增多一个，这是调式音乐记谱中惯常发生的现象，不能全依大小调音乐记谱法来衡量。（李振邦 1971：序言）

刘志明蒙席侧重西方音乐史和作曲理论的研究，也创作发表了三百余首中文礼仪圣歌。他出版的专著有《弥撒曲集》、《中国音乐的特色》、《对位法》、《西洋音乐史与风格》、《感恩礼赞》（弥撒歌咏集）、《曲式学》、《巴赫创意曲分析》、《和声学》、《圣乐综论》、《西方歌剧史》、《文艺复兴时代音乐史》、《严格对位》（对位法增订本）、《中世纪音乐史》、《巴洛克时代音乐史》、《感恩经》（第三式）、《古典时代音乐史》、《安魂弥撒组曲》、《额我略歌曲浅谈》、《额我略歌曲简史》、《帕勒斯替那与教会》和《现代圣乐与教会》等。除李振邦和刘志明之外，其他受过专业音乐训练并对中文圣乐起到推动发展作用的有江克满、伍星洪、刘荣耀、林乐培、苏开仪等，基本都是港澳台神职人员和信徒。

2009 年学成回国的河北神父贾文亮成为大陆圣乐培训和创作的新一代领军者，他现任中国天主教"一会一团"音乐与礼仪委员会副主任以及中国神哲学院音乐教师，创作并录制圣乐作品专辑，在北京、河北、河南多地进行音乐培训。像这样受过专业音乐训练的大陆神职人员奇缺，而需求面又非常之广，其代表的是正统教会音乐的传承和学习。当代由于专业人才的缺乏、农村音乐教育水平的低下和基督新教流行音乐风的影响，使神圣庄严的传统天主教堂音乐失去应有的地位，陕西凤翔李镜峰主教即是强烈呼吁恢复传统教会音乐的大陆主教代表。他要求在教堂应尽量歌唱格里高利圣咏并禁止一切与神圣礼仪信仰无关的歌调，为此专门按传统的教会礼仪年、神圣弥撒圣祭的咏唱、圣人敬礼及教友生活等内容重新编印《圣乐集》，以推行传统礼仪圣乐教育。同样在罗马学习的赵若翰神父也认为，大陆天主教会音乐有一股"不谐之音"，可称为礼仪中的"不纯洁音乐现象"，具体如一些堂区追求动感的音乐以及正式礼仪中充斥着"基督教的小歌小调"，忽略了礼仪的神圣性等现象很值得担忧。他提出编辑一本全国统一高水准的歌集以解决各堂区音乐出版各自为政、良莠不齐的状况是当务之急，选曲恰当符合天主教礼仪精神、灌输正统的天主教音乐、修院教育应重视音乐课、开办开放式音乐会等都是天主教音乐发展的实际方法。（赵若翰神父：中国教会圣乐需更多人协力发展@chinacath.org）

对于那些没有受过专业音乐训练而又负责礼仪与音乐的神职人员来说，他个人的喜好与观念直接决定着本堂区音乐发展的未来。山西太原教区主管礼仪与圣乐的副本堂神父孟满顺喜爱音乐，有着扎根本土的圣乐神学观，他积极配合创作传播传统圣乐与本土作品的耿辉老师，使太原教区的音乐有了今日蓬勃发展的面貌。二人均对民间音乐有着深厚的情感，在不排斥的基础上力推本土化风格，努力将其融合于天主教礼仪中。太原锣鼓队的兴盛、民间"音乐会"的保留和流传全国教会之西北风格圣歌的作品等，便是笔者看到该教区不同与其他教区本土文化衰竭态势的成果显现。2010 年 10 月 20 日，该教区总堂天音合唱团成立三周年暨太原总堂举行完隆重的祝圣助理主教大典不久之后，孟作为团长寄语全团以期鼓励，话语间清晰地表明他对教会音乐的神学观点和发展定位：

> "天音"顾名思义，即天籁之音，就是用美妙的歌声去赞美、颂扬至高无上的天主，因为"歌唱是双倍的祈祷"，这是天主所喜悦的。天音合唱团于 2007 年 10 月 20 日在太原总堂正式成立。天音合唱团自成立以来，已经走过了三年的成长道路，经历了多少风风雨雨，克服了各种各样的艰辛与困难，从不规范到逐渐成熟。天音合唱团有严谨的组织机构，有专业的指挥，有专业的指导老师和专业的钢琴伴奏，甚至有著名的教会音乐词曲作家，太原总堂为天音合唱团的发展创造了良好的条件，提供了广阔的空间。做为一个业余合唱团体，最核心的问题就是出勤，每周一次的上课与排练，能否保证出勤，确实需要引起我们足够的重视。为了信仰，为了教会，更多地为了赞美天主，也为了自己，我们是否应该学会奉献、学会放弃。天主给了我们每一分、每一秒，我们应该如何利用、如何把握，才能回报天主。天音合唱团是一个需要我们呵护、关心的祈祷团体，更是我们心中的"诺亚方舟"。一个合唱团的成功，不仅仅取决于指挥与作品，关键取决于团队，更重要的是取决于我们每一个

团员是否怀有一颗感恩与赞美天主之心，是否是为天主而咏唱。艺术永无止境，需要我们下大功夫进一步提高自身的音乐理论水平，特别需要我们着重加强灵修方面的学习和坚持不懈的努力，才能使天音合唱团步入健康发展的轨道，真正成为天主的和平工具。合唱需要的是高度的默契合作与个人对集体的绝对服从，随着指挥的手势，每一个团员都要以最佳的精神状态和良好的音乐作品理解能力投入其中，感动自己、感动他人，使团队精神在合唱中得到升华。我们应该怀有圣保禄宗徒那样的信心："我栽种，阿颇罗浇灌，然而使之生长的，却是天主。"（格前 3:6）天音合唱团在此次的太原教区孟宁友助理主教祝圣庆典大礼弥撒中的成功咏唱，为太原教区增了光，也为天音合唱团成立三周年献上了一份厚礼。天音合唱团创始人之一的耿辉老师说得好，太原教区有三大窗口，第一是阪泉山朝圣地，第二是七苦山朝圣地，第三是天音合唱团，就是要把天音合唱团打造成太原教区甚至山西教会最亮丽的一道窗口，这是天音合唱团每一个成员的共同心愿……（天音合唱团博客@tytyhct.blog. sohu.com）

二、音乐实践

音乐实践包括创作、培训、演出、交流等活动，全国天主教音乐实践方面的突出者是上海教区，天主教上海教区创办的光启进修学校于 2008 年开设音乐专业，聘请专业教师成立了光启音乐教育机构，旨在培养教会专业音乐人才。课程开设有钢琴、合成器、双排键、电子琴、贝司、小提琴、中提琴、大提琴、小号、长号、吉他、长笛、萨克斯、单簧管、爵士鼓、作曲编曲、通俗唱法、爵士唱法、民族唱法、美声唱法等专业。2011 年还为各堂区音乐服务人员设置司琴与圣乐合唱指挥专业，开设音乐基本素养、声乐基础、钢琴即兴伴奏、圣乐风琴演奏、指挥法、合唱、和声学、圣乐史与圣乐欣赏、圣乐讲座等课程。目前上海光启学校已经开办了四届全国圣乐合唱与指挥培训班，聘请马革顺、徐武冠、肖白、莫纪纲等专业师资。附属光启学校的光启合唱团还经常参加各类社会及交会的大型演出，2011 年该团巡演文言文和白话文的原创清唱剧《利玛窦》以及纪念利氏。另一团体－光启室内合唱团在 2010 年绍兴举办的第六届世界合唱比赛中获得教会音乐组银奖。光启音乐学校还出版原创圣乐 CD，积极推动天主教音乐的发展。

由于缺乏师资，全国大部分培养神职人员的修院没有专门的圣乐系，仅设置相关音乐课程，但近年各教会的迫切需要使修院愈发重视圣乐培训。2009年-2011年河北省神哲学院举办了三届天主教圣乐培训班，课程有圣乐概论和额我略圣咏、声乐、合唱与指挥、管风琴及圣乐事奉、弥撒礼仪与圣乐、圣乐作品鉴赏等，本省很多教区、堂区歌咏团或乐队的负责人参加。培训针对大多来自农村教会对教会音乐没有正统认识程度的学员，提高对传统教会歌曲的理解力、整体音乐素质和正统圣乐意识，避免他们在弥撒礼仪中选曲不当，如新教的小灵歌等。2011年北京教区南堂举办"圣乐培训课"，内容包括圣乐概论、额我略圣咏、复调圣乐、从巴洛克到浪漫时期的圣乐、现代圣乐的发展、关于圣乐的文献、歌咏团等课程。2009年5月中国天主教神哲学院举办了为期两个月的第一期修女圣乐培训班，由德国管风琴家 Wiltrud Fuchs女士主讲，7位修女参加培训，课程有合唱指挥、管风琴伴奏和独奏。同年9月第二期修女圣乐培训班开办，课程有管风琴演奏、声乐、额我略圣乐咏唱、合唱指挥韩国大邱本笃女修会的具命林修女教授管风琴、"世界额我略圣乐协会"主席 Heinrich Rumphorst 和"天主教圣经协会"总干事 Alexander Schweitzer教授额我略圣乐。全国12位修女报名参加培训，10月学员们在修院举办了管风琴演奏会。这些培训都取得不错的反响，学员就此正式成立为期三年的圣乐班，由主修声乐、合唱指挥和钢琴的两位国内的专职音乐教师以及韩国具命林修女为专职教师。主要课程设置为音乐基本理论，额我略圣乐，教会礼仪歌曲，歌曲伴奏，合唱指挥，风琴、管风琴弹奏等，并邀请国外教授主讲额我略圣乐课程。培训目的旨在提高音乐素质、配合堂区牧灵需要，给堂区的礼仪、传教生活注入新活力，藉此使教会礼仪生活更有美感和深度。